中國学術思想

研究輯刊

三二編

林慶彰 主編

第22冊

中國書院教育哲學之研究（下）

陳旻志 著

花木蘭文化事業有限公司

國家圖書館出版品預行編目資料

中國書院教育哲學之研究(下)／陳旻志 著 -- 初版 -- 新北市：
花木蘭文化事業有限公司，2020〔民 109〕
目 2+158 面；19×26 公分
（中國學術思想研究輯刊 三二編；第 22 冊）
ISBN 978-986-518-294-6（精裝）
1. 書院制度 2. 教育哲學 3. 中國
030.8   109011257

ISBN-978-986-518-294-6

9 789865 182946

中國學術思想研究輯刊
三二編　第二二冊　　　　　　　　ISBN：978-986-518-294-6

中國書院教育哲學之研究(下)

作　　者　陳旻志
主　　編　林慶彰
總 編 輯　杜潔祥
副總編輯　楊嘉樂
編　　輯　許郁翎、張雅淋　美術編輯　陳逸婷
出　　版　花木蘭文化事業有限公司
發 行 人　高小娟
聯絡地址　235 新北市中和區中安街七二號十三樓
　　　　　電話：02-2923-1455／傳真：02-2923-1452
網　　址　http://www.huamulan.tw 信箱 hml 810518@gmail.com
印　　刷　普羅文化出版廣告事業
封面設計　劉開工作室
初　　版　2020 年 9 月
全書字數　354460 字
定　　價　三二編 24 冊（精裝）新台幣 60,000 元

中國書院教育哲學之研究（下）

陳旻志　著

目

次

第伍章 中國書院之「事統」教育哲學

第一節 事統教育哲學之理念:「經世致用」

　　中國書院教育哲學的探索,本身即為一段教育實踐的歷程,宋明以來的書院家們,也都是透過創辦書院,主持講學,來承續此一人文脈胳的意義,繼而修正其中牽涉的教育內容及問題。因此,在「人統」與「學統」的理念探討之外,「事統」教育哲學的重要性,更是作為前二大統緒是否夠客觀化、具體化,以及傳之久遠的關鍵所在。

　　當我們看待宋明理學以及清代學術的問題時,如果祇能側就思想與學派的問題,固然可以批判其中的既存盲點與爭議,而概以「內聖有餘、外王不足」,的判辭作為概括;但若能正視「書院」在理學教育(甚至是清代考證學)中產生的功能以及影響,所謂的「外王」問題當可持平看待,這一個詮釋的層次,事實上也能重新釐清儒家在教化意義上的貢獻。

　　書院教育如何塑造人統的「希聖希賢」與學統的「究元決疑」之教育目標,就不能忽略了在具體實踐上,「經世致用」的事統價值取向,這才是書院教育「三統之學」圓成的全譜。誠如我們在申論書院學統中,「究元決疑」精神實為貫注在學習範疇的勘定與傳習,一方面呈現了儒學在超越意識的一面,而有道德的形上學旨趣,另者卻又遍潤於人倫綱常中的「具體理分」問題之上,故能體現儒學在由超越而內在,由高明而道中庸的理境。「究元」與「決疑」,不僅是一個體用義理的認識,更是在「理分」問題上,能夠達到書院家看重的大學之教中「知本」與「知止」的問題(即『明明德,止於至善』),也牽涉了孔子以來,「義」、「命」問題的定位及態度。此一理分觀,在中國哲

學的概念上，實為「當然」與「必然」問題的探討，陳榮捷認為：

> 「當然」與「必然」，為我國哲學史上比較純粹之概念。「當然」指
> 其事，如親親之事實，亦即「其然」。因人人賦有親親之能，故亦曰
> 「能然」。「必然」指理，如所以親親之理，亦即「所以然」。此理乃
> 本然之理，故又曰「本然」。無論事理，皆非人偽有以致之，故以上
> 各之「然」，皆是「自然」。簡言之，「當然」是「什麼」，「必然」是
> 「為什麼」？「必然」與「所以然」雖同指理，然重點不同。因有
> 親親之理乃有親親之事，所以然也。為人子者，因其賦有親親之理。
> 既有此性、此理、此分，自不能不見諸親親之實，此必然也。故「必
> 然」有主觀性，有道德性。〔註1〕

這一認知上的闡明，實為書院家每每在申論為學與做人觀念時，必須恰當開
示的一大關目，例如「本末」問題，「道器」問題、「理事」問題、「義利」之
辨、「王霸」之辨等等。而朱子所云：「有本末者，其然之事也，不可分者，
以其悉具所以然之理也」，「理一分殊」的論題，實也承此而來，但在批導
上，「理分」的觀念，即有其「自然」之義，但又有「本分」與「分際」的兩
層意義，前者乃言理之本然與必然，後者乃言理之局限及分殊所在；這樣的
認識並非只是學理上的定義問題，而且是道德實踐上遞進一步，最為看重的
「應然」問題，此一關目，也即為儒家所以大別於佛、老之間的立場與態
度，而「具體理分」的充分實現，也是因著此一釐清，而據以證成。就以
朱子所言為例，強調這一觀念的疏通，在其注《孟子》盡心上「萬物皆備於
我」一條有言：「此言理之本然也。大則君臣父子，小則事物細微，其當然
之理，無一不具于性分之內也。」又於《論語或問》·泰伯篇謂：「理之所
當然者，所謂民之秉彝，百姓日用者也……其所以然，則莫不原于天命之
性。」〔註2〕

　　此義即已明爽，在書院家的教育哲學中，事統的看重才是「究元決疑」
的如實完成，而「理事本一」、「理事相符」的本質，即為理之全義，書院家
陳淳的歸納，最具其代表性。

> 「理有能然，有必然，有當然，有自然處。皆須兼之，方于理字訓
> 義為備。……蓋其中有是理然後能形諸外為是事，此能然處也。赤

〔註1〕韋政通主編《中國哲學辭典大全》，水牛出版，第689頁。
〔註2〕《論語或問·泰伯篇》。

子入井，見之者必惻隱。雖欲忍之而其中惕然，自有所不能以已，此必然處也。又如赤子入井，則合當為之惻隱，不然，則是為悖天理而非人類矣，此當然處也。入井而惻隱者，皆天理之真，流行發現，自然而然，非有毫人偽預乎其間，此自然處也。……能然必然者，理在事之先。當然者正就事而直言其理。自然則貫事理言之也」（《北溪大全集》「理有能然必然當然自然」條）。〔註3〕

「理」「事」即為彼此無礙且互為圓足的道理，這正是「事統」精神和「學統」、「人統」理念彼此兼攝的特質，而我們在勘定書院學統精神的脈絡時，所以強調「學習範疇」的特點，即有揭示學習範疇同時具備了「規範現實」的一面，此一規範義，即是由「理分」觀，到「具體理分」完成的整體性意義，繼而開出「經世致用」的命題，誠是書院家在事統教育哲學上，至為宏闊的教育目標，唯能如此，理想文化人格陶冶的歷程中，才足為中國大學精神的風標。

一、書院的傳習與傳播理念

誠如張君勱在探討新儒家思想史的成果，乃以「書院」作為理學所確立的政治與文化制度，這一層次的說明，本身即有事統評價上的意義，也恰能為「書院」的教育定位，作一基本的勾勒。針對千餘年來書院的表現型態，則有四個比較明確的特點：

　　　△1.中國私人講學以來唯一顯著的制度
　　　△2.作為社會教化之中心
　　　△3.作為社會清議的中心
　　　△4.是國家的學術中心

這幾大特點，即是在疏理整體書院思想與制度變遷的歷程中，如何有效地融合士人讀書山林、私人學館、精舍生活、耕讀遺風，以及會講與講會、考課與官學化等等，將同質性或異質性的條件予以銷融，方能巍然樹立起宋明以來，文化人格與道德理想的典範。如何俱足三統之學的具體關懷，形成了學派紛競，人才蔚啟的文化氣象，實寓有教育哲學上的學理與創造性的特質。潘朝陽在尋繹中國儒家傳統的教化問題時，即以書院教育，作為儒家道德的存有論與道德的理想主義，在中國社會形成源遠流長的主軸型「慧命常規」，

〔註 3〕轉引自《中國哲學辭典大全》，第 690 頁。

據此,所謂的教化,才能將儒家理想的存有論及價值觀,具體地落實及轉化為整個生活世界的人民生活方式。而此一傳統,方有「統緒性」,以及「統一性」可言;潘氏針對書院成為儒教在地方上的傳承及轉化意義,乃為此一「慧命常規」有其歸納,筆者整理如下:〔註4〕

1. 作為一種存有論系統,儒家思想是由知識精英或文化思想的創造少數所開創、詮釋、傳承的,但必須普化於地方上人民的生活世界,才能成為中國社會的慧命常規,前者是為「儒學」,而后者則為「儒教」。

2. 傳統即是一個文化族群,在其日常生活中日積月累,並且通過不斷反思省察,修正轉化而創造出來,具有社會結構、也具有歷史縱橫的一套生活方式,族群成員大體共同遵循,因而含有社群共同生活的秩序規範。

3. 「六經」是儒家道德的存有論之範典,而民眾在日常生活中,習焉不察的「小傳統」(即民俗或言常民文化、鄉民文化),則可視為此一範典已由形上的「道體世界」,向下滲入「器用世界」,成為民眾日常生活的指導原則。但在中國社會裡,這兩層乃是相連續貫通的文化體系。

4. 中國的文教傳統,乃以「書院」作為建立一堂堂正正的獨立人格最為典型,主要乃因儒家書院以「道德理想主義」樹立了人之生命主體性,同時也因之而樹立了中國文化社會與歷史的「慧命常規」之主體。

5. 書院的設立,是以講明人倫之教為目的,以道心為體,透過儒師和儒生在其中的教化,發而為人間世日常生活之倫理秩序的大用。因此賴以傳揚的慧命常道,必須代代有人傳承下去,在統緒相承中文化慧命的常規,才能下貫流敷於地方。

大凡先儒過化之地,或弟子為著表彰師道,或地方鄉紳期於人文教化,率皆以開辦書院,蔚啟群英,作為具體表徵。這樣一個慧命常規的傳統型態,他所關于事統精神的開啟,實為相應於儒家中「外王」、「事功」與「道問學」的理緒而來,集中體現為中國「士」的傳統,如何在憂患意識與入世抉擇上

〔註4〕潘朝陽「書院:儒教在地方的傳播形式」一文,收於《鵝湖月刊》第21卷第5期,第27~38頁。

的自覺與實踐。

　　進一步地申論此一慧命常規，如何具體而微在書院事統精神上，有其規
制及影響，本文透過書院建築中「三重空間」的象徵，以及實質意涵，作為
歸納事統教育哲學的旨趣所在，其義如下：〔註5〕

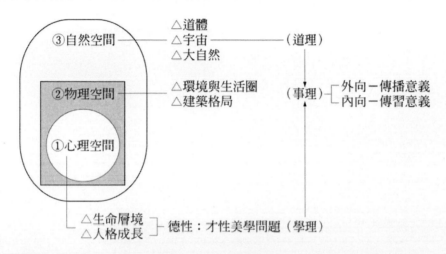

　　這個圖示的意義，旨在揭示書院的教育哲學，如何與建築空間的相應與
轉化的意義，因此在「心理空間」上，表現了人的內在感受與學理反芻的問
題，「物理空間」表現建築的形構本身，如何與學理印證與傳習交融的可能；
「自然空間」則表示了建築所在的外緣環境，如何形塑內向傳習與外向傳播
的課題。此三大層次的彼次互涉模式，即是認識論上主客觀之間的關係，並
且書院建築本身，扮演了「物理空間」上的中介轉化角色；他不僅外向地涉
及了書院建築本身的選址考量，亦含括了對於自然的尊重，以及審美上的要
求，此點在書院發展淵源上，是十分切近的。例如早期書院之濫觴，多以山
水佳處作為建院的優先考量，像白鹿洞書院在廬山五老峰下，嶽麓書院在嶽
麓山抱黃洞下、石鼓書院在回雁峰下，學海堂之位居粵秀山越王台舊址、詁
經精舍在杭州的西湖，皆各攬勝概，亦有助於師生在正課之餘的悠遊藏息，
天人物色之交感淨化，更有助於學風開啟以及學區的模塑。

　　遞進一層地縮結了傳統建築在風水理論上對外在環境，「氣」與「形」上

────────────────

〔註5〕　此一「三重空間」的構想，為筆者自行歸納，作為詮釋建築的整體設計，如
　　　　何兼重人的心理感受與情境，以及外在自然的空間選擇問題。並且建築的實
　　　　體本身，亦具備著物理上的中介意義，三者皆為彼此關涉與互動的存在。對
　　　　於教育哲學的探討上，可作為教育空間（教育場所）理解上的一個進路。

的關注；這些原理都具有審美角度上的價值，也密切連繫著建築的「物理空間」議題；在這一形象思維的表現上，建築本身就寓有兩層意義：

▲ 其一是形構部分，此點和外向的「自然空間」有密切關係，例如書院的格局安排、空間配置的情境，具體的形式手法之意匠經營，皆有其形象思維上美學的意義。

▲ 其二是人文意涵的部分，此點與內向的「心理空間」呼應，亦即當人的主體置身此一建築空間時，所產生的感受及體驗，例如「時空」感受、「心理場」的美學效應。

在「心理空間」方面，則有審美主體上的意義，畢竟在這整體空間模式中，人的感知主體與情志內含才是核心，這些物理、自然空間的一切配置及設計，也勢必以人為目的作為歸宿。不僅是實用上的居住意義，我們可先就書院建築中的空間配置作一說明，以探討其與「心理空間」的相應關係。

就格局空間的配置而言，如以書院為例，一般格局率以第一進為門廳。而組成機能空間可分為七類，亦隨格局之布列而配合之：

1. 精神空間：以祭祀之祠堂為主，或為祭祀先師、文昌、鄉賢等，其他如惜字亭、碑、額聯、大門、楹柱等具有教化意味者輔之。

2. 教學空間：以講堂為主，而精神空間、齋舍、庭院等輔之。

3. 居住空間：山長、監院、生員宿舍（齋舍）。

4. 藏書空間：即尊經閣或藏書樓，具備今日「圖書館」性質。

5. 服務空間：如廚房、倉庫、廁所等生活起居之用。

6. 行政空間：作為辦公及對外連絡之用。

7. 交通空間：如前屋簷出挑空間或走廊，或如「進」與「進」之間的直接走道。

在此諸門單元中，尤以「朱子祠」（祠堂）所代表的「精神空間」，以及「講堂」所代表的「教學空間」，以及「庭院」所代表的空間中心，三者和人的心理感受，以及教育意義最為深切。祭祀空間所代表的除了一般書院對於道統、學統的尊重意義之外，尤有「隱藏式課程」的諦義，亦即在這裡可以上體歷史感受的深遠，以及儒門宗風「希聖希賢」的教旨，實為一般制式教育下最為欠缺的一環；復次在整個建築中軸線規制上，祠堂往往是最為尊要的顯位，並據此而有尊卑，上下、遠近、親疏的差等意義，在人文建築的思考上，有著「文化核象」觀念性旨趣。

二進式書院平面示意圖

1. 第一進（前座）爲儀門。
2. 東西兩廂常爲學齋，亦稱學舍、號舍、書舍。俗稱廊舍、廡舍。門窗見常兩種開法，如圖左右。
3. 第二進（後座）爲講堂。祭祀空間或附於講堂，或另設於別院。
4. 前後兩室，常爲廚房、浴室、貯藏、寢室等。廚房亦常設於跨院。

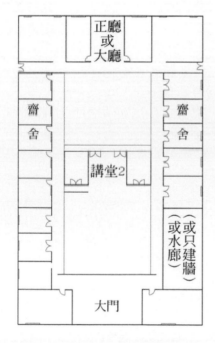

三進式書院平面示意圖

1. 第一進（前座）爲門廳。偶見門樓牌坊、東西閣。
2. 第二進（中座）爲講堂，多爲三間，大者五間。偶有以中座或其樓上爲文昌閣、魁星樓者，則講堂或設後座。
3. 第三進（後座）多用爲魁星樓、文昌閣、尊經閣、澄觀閣等。間有做寢室者。
4. 廂房、學齋多設於後段，人多則全設學習。
5. 後院設亭、圃、池、園等。

　　「講堂」所提供的教學環境，本身即爲一居中開朗的位址，因是師生在此授習相處，不論課程的單元如何，皆在此進行教學活動（和今日分科分院之大學規制大異其趣），並且書院大致上仍堅持小班教學，以及師生共同住宿的特點，更易實現「人格養成」、「生活教育」的理想。「庭院」則顯然是合院空間中「留白」的餘地，即有了空間中心上的中介轉化功能，順是提供學子一悠游藏習的處所，且可提供更多實用功能（如祭祀排場、詩歌聯吟、公開會講），甚且也形成了「書院園林」的進一步規劃意義：

書院環境的創造，首先是在書院建築的布局和組合協調，庭院中廣
植樹木花草，創造一種安靜怡人的讀書氣氛。這是一般的書院都必
須做到的，然而在有條件的較大的一些書院中，在庭院環境創造的
同時，還必須把重點放在書院園林和周圍景點的設置上。不論從歷
史記載，還是從現在於世的書院來看，較大的書院都設有園林。如
嶽麓書院，在歷代山長所住的百泉軒之外，開闢了一片園林。它以
池水為中心，周圍布置小山橋亭、樓閣台榭，掩映於林蔭水景之
中。

書院園林建築最出色者，要數上海、江浙一帶的書院。江浙地區本
來就是江南私家園林的發源地，至今保留的園林，仍然是中國古代
文人園林藝術的典範。上海、江浙一帶的書院，保留並發展了這一
文化傳統，把書院和園林有機地結合起來。其它地方的書院園林，
一般都是在書院主體建築的旁邊或周圍發展園林，而這裡卻是把書
院建築和園林完全融合在一起，形成一個整體，書院本身就是一座
園林，可謂「園院合一」。如上海的蕊珠書院，本來就是一所較有名
的園林，後又此基礎上「添建奎星閣、圓嶠方壺，榆龍榭，其後又
增珠來閣、芹香仙館、育德堂等處，合全園勝景為之。」(《上海縣
志》卷首)〔註6〕

在這樣的整體配置中，人的心理感受是豐饒多姿的，祠堂、講堂的莊嚴，庭
院的舒朗，在「實虛」與「常變」的相對互濟的領受中，儒學特出的逆覺體
證，隨時隨地體察天理，收放心的涵養之功，自然能夠真切的相應於人心的
頻率，遂在整體「自然」、「物理」、「心理」空間的三個層次上，相互轉化，
提昇而為一洵美的「哲學氛圍」。是以孔門之「言志」教旨、象山、朱熹的
精舍生活、陽明與弟子的天泉證道、東林書院的講會歌詩，復以鵝湖餘韻
的酬答，以及今人錢穆、唐君毅的新亞遺鐸，遂有一雋永的文化圖像旨歸。
「精神魅力」的無遠弗屆，盡粹於斯，此誠書院建築美學別有其繫人心處
之故：

書院為使學子把「學達性天」的宗旨牢記在心，時刻勿忘，還修建
亭台，樹立碑碣，加強書院環境的哲學氣氛。嶽麓書院有「道鄉台」，
示學子時刻勿忘向道之志；有「極高明」、「道中庸」二亭，示學子

〔註 6〕《中國書院與傳統文化》，第 172～173 頁。

讀書求學勿忘窮究高深哲理，處事接物勿忘遵循中庸之道。嶽麓書
院后來的齋舍命名，都滲透著哲學概念，有所謂「存誠齋」、「主敬
齋」、「日新齋」。還分別題有銘詞。存誠齋的銘詞是：「乾坤萬匯，
共祖一誠。無二無染，聖葆其精。」齋舍及銘詞無非讓學子朝於斯，
明於斯……學者們在講學之餘，吟詩題句大講哲理，對造成哲學氣
氛也很有作用。朱熹和張栻的聯韻詩，哲學味道頗濃：「泛舟長沙渚，
振衣湘山岭」（朱）。「煙雲渺變化，宇宙窮高深。懷古壯士志，慢時
君子心」（張）。「寄語坐中客，莽蒼誰能尋」（朱）（《嶽麓詩抄》之
二）。學者們抒發雅興，吟詠宇宙、乾坤、太極、有無、萬化、本根
諸問題，意欲誘導學子切勿纏綿於小我之蝸廬，而應吞吐乾坤，胸
懷大我之宇宙。〔註7〕

宇宙情懷的起興，自有其叩契人文沈思的慨喟，因此我們即可在此一範疇中，
開展出更多的建築美學論題，例如書院建築中的「形象思維」、「建築空間與
形式之符號意義」、「建築現象學」，乃致「有意味的形式」、以及「環境美學」
的詳索，皆可視為延伸的課題。而且建築空間的命名及寓意，也結合著「人
統」理念上「學規」與「箴銘」類修養法則的精神，以及「學統」上的思辨
生活，以及師生會講與講會論道的情操。

　　透過此一「三重空間」的展向，不僅在教育情境中，可由「哲學氛圍」，
達到「宇宙情懷」的發越及提昇，更為重要的一大關目，即為在「事理」上，
如何有效地連屬此三大空間的具體意義，也可視為「具體理分」觀在書院教
育哲學中的陶冶及型塑，此則涉及了書院在客觀層面的性格，本文認為基本
上有內外向的兩層意涵。

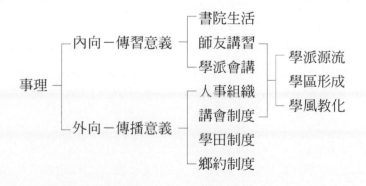

〔註 7〕 《嶽麓書院紀念集》，第 248 頁。

就內向傳習的一面而言，主要的內涵即已兼攝於「學統」教育哲學之中，而外向傳播一面，則視為事統教育哲學所強調的「經世致用」理念的推廓，在基源問題的反省上，即是觸及了在組織、制度以及社會地位上，是否能充分做到講學自由、經濟自主，並且學術獨立的精神。本文即區分「書院組織」，以及「社會影響」還有「書院學區」三個層面說明：

（一）書院組織制度的要點及演變

行政系統大類可分為三式，但仍以「教導」（教育）、「總務」（行政）二系為「政教合一」之模式，以「考課」、「生活訓育」，作為「訓教合一」之型態。在創設方面，又有「官立」、「民辦」之分；書院「官立」有二大理由，其一是教育者亦身兼官職（如朱熹、阮元），係屬「官辦式」私學書院；其二是「官學式」書院（如元代、清代書院），多作為政治科舉之施用，已較無私學色彩。然則「民辦式」書院，乃多為地方士紳、鄉民，因有感於教化學風而自主建置（如宋代浙東地區之書院），多能反映學風「由下而上」之趨勢，有別於「官學式」書院，純係「由上而下」之被動性制約。

圖：書院行政系統

（一）鄉邑小型書院的行政系統

（二）府州大型書院的行政系統

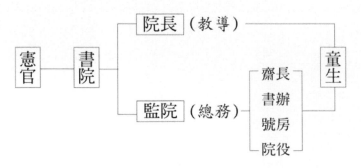

（三）會城新式大型書院的行政系統

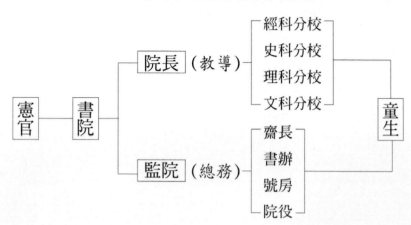

組織方面，山長（或院長）為書院之最高負責人（舊稱洞主），其產生方式，多由傳學派之大師（如朱熹、陸九淵、劉蕺山），有的是地方禮聘之德高望重之學者；其次，則為官方式之「學官」擔任（始自元代）。在學生方面，明代以前書院以私學學風主導，並無太大限制，明清以后，書院納入學制，生員即有「正課」、「附課」之分等，應考入學者，「經甄錄試驗，無論舉人、監生、秀才、童生，以應試前列者為正課，逾限則為附課。」另有書院「膏火」及「獎金」制，皆依官學而來，正課生每月膏火各院不一，但皆較附課生增半。

另者書院之經費及院舍，多為創建者所捐獻，現金則作存典生息，田地則取用租制，已逐漸發展出有類今日「基金會」之觀念，以備不時之需，此亦書院在經濟上尋求獨立自主之傳統性格（官學式書院則受限較大）。

清代書院之組織系統，若就地位之高低而分，亦別有三種規制型態，但大體仍承行政（監院）、教育（院長）二系之合一結構。在章程方面，影響力較大之書院皆有完整之規制，茲引〈廣雅書院學規〉（光緒十五年十月訂）中，較重要之諸條，以明書院師生平素生活之大要：〔註8〕

▲分校：設分校四人，經學、史學、理學、文學，分門備授，以代
　　院長之勞。各衙門官課，仿學海堂之例，統歸四分校代閱……齋
　　課亦由四分校評閱，各擬名次。

▲分齋：每一齋十舍，設齋長一人，由院長擇品行者或學業較優者

〔註8〕轉引自趙汝福《中國書院制度之研究》，第112～165頁。

充之，優加膏火，以便分齋稽查課程，奉行院長教法，轉相指授，無其人則暫闕。

▲敦行：入院諸生，先行后文，務須檢點身心，激發志氣，砥礪品節，率循禮法，理求心得，學以致用，力戒浮薄，歸於篤厚，謙抑謹飭，盡心受教，由院長暨監院隨時考核，察其行檢是否修飭，分別勸懲。

▲事業：諸生各盡一業……凡四學（經。史、理、經濟）各隨性所近者，擇而習之，各門皆令兼習詞章以資注疏，而便考核。

▲日記：各生各立日記……誦習鈔錄記其起止解說議論有得即記，以便院長按業考勤。

▲習禮：春秋定期院長率諸生致祭濂溪先生祠嶺學祠。

▲正習：院內諸生，不得恃才傲物，夸誕詭異，詆毀先儒，輕慢官師，忌嫉同學，黨同伐異……如有不遵，即行屏斥出院。

在經費方面，其來源不外乎官之公帑，以及書院本身之田產租利，加上地方上不定期之捐款，且作為地方公益事業的項目之一。在經費支付方面，形式較簡，除掌教之薪脩、生員之膏火外，其行政全體開銷，據趙汝福之歸納，〔註9〕大要如下：

▲掌教（脩金、薪膳、聘儀、贄見、節儀、程儀）

▲生童（膏火、獎賞、賓興）

▲祭費（開館祭先師、丁祭、禮生衣資、香油）

▲行政（監院薪脩、齋長津貼、總理紳士車馬費、開館酒席費、禮房紙張費、書辦工銀紙張費、脩補費、官師課午膳茶水費，官師課卷費、門戶院役工食費）

在書院生活方面，大要如下：

▲啟館——每月二月初旬，全年上課約十個月；啟館時禮式十分隆重，如新興古筠書院「每歲元宵后，縣官定吉日開館，是日……先謁聖行三跪九叩禮，禮畢，掌教率同諸生童謁聖……縣官與各官就主位居西，掌教居東，行兩拜禮……縣官即命生員與捕衙行揖禮，各官辭別掌教回署。是日縣官備席請掌教及各官至縣署宴飲」。

〔註9〕轉引自趙汝福《中國書院制度之研究》，第112～165頁。

▲賜額及賜書──清代書院納入官學，因之朝廷多予相當之重視，而「賜額」，「賜書」即為國朝隆禮學統的象徵意義，誠為書院上下之大事：〈九朝東華錄〉：康熙二十五年十一月丙中，御書「學達性天」額頒宋儒周敦頤……朱熹祠及白鹿洞書院。以長沙府嶽麓書院為宋儒張栻、朱熹講學之所，一體給額，並分頒日講解義經史諸書。

▲祀賢／已見前述，今略。

▲講授／清代書院開講有二式：

「宣講式書院」：如雍正年藍鼎元在棉陽書院開講，先期即編定司講、司贊、司儀、司祝、歌童等人事，並於先一日練習儀禮；四方人士、書院諸生皆可參與。當日則按部就班，大禮仍循明代會講程序，唱宣白鹿洞規條，登堂宣講，「不疾不許雍容中節」；繼而童子上堂歌詩，再者提供質疑問難時間，從容辯論，以闡明聖道，唯增出者，乃質疑即畢，遂命題課試，諸生次日構思，呈師長評定，彙送邑官選擇。

「課士式書院」：此式專為配合科舉之制藝考課，故清代最為普遍，多「課而不教」，院長頂多撮要而講，容或諸生質問，而多半透過考課（官課、師課），鞭策士子主動學習。

▲訓導／此為書院自宋明一脈相承之制度，亦即強調「明倫」之生活教育，其內容多半包括：祀先賢、揭碑記（以明立院主旨及精神之啟引），立教規（多採白鹿洞教條、程董二先生學則），但多重在身教之力行實踐，以收潛移默化「訓教合一」之功。

▲考課／計分為官課、師課二門，乃鑑於理學書院之浮誇，以及配合官學、科舉之規制，因此清代書院多以考試帖括，應舉子業為目的。

「師課」乃由院長出題，「官課」及由地方官員出題，閱卷評定等次，亦名有賞罰之差等。

▲散館／每年十二月初旬散館，無特別儀式。

上述大體而言，是為書院在組織制度上所呈現之概況，若詳就歷代制度之細部內容，及前后因果，勢必借重大量之院志、地方志等原始資料，加以分析其歷代遷革，礙於目前學力，僅能就前人大致歸納的特點，作一簡要式陳述。

但若就基源問題所擬之「二重設準」考之，宋代因以私學型態為主，所以偏教學之內容，相形之下制度面較為簡略，但在自主性方面卻能夠獨立，亦即講學自由，經濟亦能自給自足（學田制）。元代顯然在教學內容，以及制度本身的實際情況上，皆不能滿足於二重設準之要求，是為書院自主性格較沈寂的階段。明代則是書院自主性格嚴重衝突與矛盾的複合時期，若就教育內容所豁顯之人本自覺（心學），確乎是思想史上的高峰，但其末流（束書不觀，近似狂禪）也形成了主觀學理在客觀實踐上的盲點。另者，明代書院一方面已有「科舉化」的部份書院，在學理上已是嚴重違反二重設準之要求，但相對於此，力求講會式的書院，卻成就書院史上盛世，也形成地方學風的中心。然則因此和政治之正面衝突（東林黨禍），也嚴違背了私學傳統的亙古堅持——亦即堅持在學術領域上之自主性，而不淪為政爭之籌碼。加上明末空疏之學風，所以盱衡明代書院整體自主性格，實為「同主題的變奏」，亦為二重設準最難明確定位之時期。

因此也曝露出幾個問題，亦即：「體制外的改革如何在適當時機或任何方法，以求導入既有的體制內，以求發生影響意義？」「知識份子往往過度膨脹的使命、責任感，該如何在理想與現實之間求得調和？」「書院如何堅持介於政治與社會的自覺中心，而扮演民間自覺，『由下而上』刺激改革的局面？」「政教如何在本質上的合一，而非政治式外在的合一？」

清代基本上仍承明代問題之遺緒，但礙於外部政治的規範性，清代書院已未能開出更大的自主格局，一來在制度上的設準上已不能滿足，僅能移值官學之制度，以便利於掌握士子之學習及趨向（如出仕），其制度的影響仍下及今日的教育體制（如早期書院所強調的訓導制度，乃偏重於師長之身教，以及師生間潛移默化的生活教育、創造性生活，而清代以降今日，則淪為形式化僵化的賞罰教育，強制規範。一如白鹿洞所揭示的學規，一但援引入官學系統，即成刻板之教條，原味大失）。二來在教育的自覺內容設準上，清代樸學之風，固然已對治了明末心學之流蔽，但其思理之封閉性，已在近代史上暴露了缺陷所在。無怪乎在西潮的衝擊之外，不僅是清代之樸學，甚而中國的整個人文價值傳統，亦在五四新文化運動中，一敗塗地。書院之崩解，不過是這股時代逆潮中的一端，卻也說明清代書院在教育內容上，顯然未能滿足於二重設準的考驗。這層學理上遺留的問題，亦即中國向來以「人」為統緒的學術性格（即人統），何以在清末西潮進襲下，不堪一擊？書院的自主

性格，如何再度調整體質，以因應社會需求的傳習與傳播系統。

（二）社會傳播及影響的意義

書院教育和民間社會的結合關係，亦即奠基於傳統社會的傳播網路之上，因此書院在民間社會的定位，一如孔廟之作為文化的象徵，更肩負起教化與提昇的意義；就其在歷史發展上所呈現的多元功能，如作為地方之學術中心（有別於中央之太學），造就政治人才（如科舉式書院），儲藏經典（即藏書、印書之功用）之外，和地方上最具密切關係的顯著性格，不外是「祭祀」和「講會」二端：

1. 祭祀性格

此一特質是宋明以來書院一脈相承的傳統，不論是私學、官學、理學、漢學、官立、民立等書院，共同相契的自主性格，即是以祭祀為基本型態，也是較易深植民間意識的所在。原因何在？不外是「精神之魅力」所以啟引心靈之歸向所致！如早期書院之祀聖（孔子及其門人），祀學統（如理學、漢學諸子）之外，亦有許多民間書院祭祀地方名賢，或是書院之創辦人，以誌其精神。此一模式，也符合一般民間合院之主祀堂作為「文化核象」的意味，「民風」與「學風」之相濡以沫，就祭祀性格之考究，可得一相當之證驗。

2. 講會性格

自漢代士子集團發起之社會「清議」風氣以來，下及明代清會書院大行，以及日後應考士子與地方人士形成的「公車上書」的清議，率為一脈相承的社會性格。明代講會式書院，誠如胡美琦所言：「以前書院講學是學者相集而師；講會則由會中延請之請者，所謂不止一人。會畢，則主講者又轉至他處，如是輪番赴會，漸漸脫離書院性質，而近於社會公開演講」。王陽明心學，所以能喚起社會民眾廣大之共鳴，而不限於書院諸生，此一「講會」型態的開放性作用，正是助因。而其後東林書院更藉此發揮社會清議之作用，形成了朝野正面衝突的危機。考其所以較王陽明學派更特出者，亦即是他們一反王學不談政治的空疏性，並且將講會傳統「制度化」，使之和社會基礎更為結合，推行各種類似宗教集會的典禮普遍，設立「門籍」，以「稽赴會之疏密，驗現在之勤惰」。儼然計劃性地掌握民間的力量，而敢於和主政者抗爭，顯然已脫離書院教育之本質，而過度涉入政黨之機括了。然則此一講會型態和民間之結合度，固是無庸置疑，其遺緒乃下迄明末清初之各種「會社」（如復社）的

組織風氣，襲捲一時。

　　「祭祀」與「講會」即成為書院在社會面的自主性格，若援引二重設準加以衡諸其性質，則「祭祀」層面，基本上教育意味勝於宗教意味，可視為書院實質教育中，生活方面的「隱藏式課程」，作為院內學生精神方面的貫潤。可視為運用此一祭祀儀規，建立書院在社會地位之精神中心（一如孔廟），也可滿足二重設準之效驗。再者「講會」誠為書院發展歷程中，最重要的社會傳播制度，兼有文化傳承及社會傳播的雙重性質，試以東林書院會講為例：

> 「每年一大會，每月一小會（正、六、七、十二月不舉）會講每延續三天。會講首日，恭捧聖像，懸於講堂。年初，擊鼓三聲，各具本等冠服，對聖像行四拜禮。禮畢入講堂，按郡縣所屬和年齒為序，東西向分生，對揖而拜。每會一人為主說四書一章，此外有問則問，有商量則商量。凡在會中，各虛懷以聽。久坐之后，歌詩一、二章，以為滌蕩疑滯，開發性靈之助。須互相唱和，反覆吟詠，每章至數遍，庶幾心口融洽，神明自通，有深長之味……」〔註10〕

吳予敏乃分析此一講會之社會性格，認為「禮拜儀式」，在於確定書院學術交流的思想基礎和彼此的組織關係；「討論經書」在於傳達研究體會，並往往藉此散播政治文化言論；「吟誦詩歌」在於交流感情，抒發意志，構成文化薰陶的藝術氛圍〔註11〕有類於宗教集會時，刻意設計；禮儀規範，以便於整體性、規律性地持續講會對外之型態。若以二重設準剖析，則此一講會的型態，可謂是書院內部平素之教習制度，如學規、授課、師生辯難、課餘之抒情等的向外延伸，其主靜、涵詠、強調自覺的教化宗旨，是一致的。再者講會的型態，一方面也是書院弘學傳統上，最顯的制度，有利於切入民間之意識及生活（如前述東林書院之門籍制），從而提升民間自覺的主導，其基本精神叩合二重設準的價值評估，而不致使「文化」徒為士子集團內學術的爭衡，自然地融作民間的底層，化為生活的體認。前述的儒家淑世慧命常規，以及在價值取向上針對於「具體理分」的反省及教育，也都是講會中切身體認的課題。

　　綜合上述書院在社會教化上的特質，約而言之有如下特點：

〔註10〕《東林書院志》卷二。
〔註11〕《無形的網路》，第 76 頁。

▲ 學規、祭祀和講會之儀式，確立了書院之文化信仰，以及組織內的人事關係。書院有二個層次的傳播活動，「內向」是書院內師生講學間的人格提昇與主體性之確立（成聖教育）；「外向」是書院透過講會等活動，或其他學派於學理上之辯駁，或之於民間宣講及提昇民間自覺。

▲ 強調文化的生活落實性，而非今日大學淪為「知識的象牙塔」或「社會服務站」的二極化傾向，強調在生活儀節中貫潤德性之教。再者代表社會之「清議性格」，介於教育和政治之間的處境，相對的也造成教育本質的逐漸「模糊化」，不自覺地膨脹其社會性格，淪為政爭之工具，是其流弊。

（三）書院學區與學風教化的意義

中國傳統農業社會，往往視捐地（錢）「興學」為大事，也率以此和宗教之重視相等，因此地方創辦書院的意義，最主要者乃是此一「學區」的形成是「由下而上」的需求，而非官方按行政單位劃分學區，則是「由上而下」的模式，認同感顯然不足前者。並且書院之配置，也關係到經濟方面的自主性成立與否；地方民辦之書院即如前文，其學田（院田）大多由民間主動提供，加上田租，及其他方面之存典生息，經濟上尚可自給自足，優於官方學校之經濟型態。兼且受教育者乃以鄉民子弟為主，學風之根植地方，不可不謂之深厚；加以若其影響，號召力興盛者，更能吸引外地之學子，以及經濟挹注等資源，儼然成為一區之文教中心。書院提供地方文教之化力，而地方則能樂意提供經濟支援書院教化（有類西方牛津、劍橋等歷史悠久的大學城學區）。如此也涉及如何解決書院和政治體系的現實依存關係，進而謀求在體制外，尋求掛搭與著力所在。書院如何能和民間地方，結合互濟成為一「獨立自足」的學區，亦取決於書院選址的考量問題。〔註12〕

1. 位置方面

文教區所以能形成「弦誦不輟」的氛圍，乃取決於位置的考量，書院亦如古代學校之選址，即重視方位（如『巽』位主文運之說），亦盡可能在郊區。理由有二，其一是「主靜」，以一新耳目，便於學之收攝心神，其二為「樸素」，乃「肅心志」，即外在之自然以及物理環境，得以與內在之心理環境，相輔相

〔註12〕參見王鎮華《書院教育與建築》，故鄉出版，第41頁。

成兼合內外，無形之中自然物色亦涵詠出學區的人文情緻。因之歷史上名世的書院，亦皆攬名勝風景，而尤有精神轉化上的提昇作用。

2. 對地理之尊重

書院除了在位置上選擇環境幽靜地勢之外，屋舍配置亦以「合院建築」為基本型態，因此傳統「風水觀」之看重，即表現在如對「水環境」的看重、「案山」的選擇等等，反映了在「人文」與「自然」上調合的關係。

3. 對歷史的珍惜

前言論及書院格局配置中，最主要的即是「精神空間」的重視，因此「祀賢」「祀師」，即有其潛移默化的意義。書院內之「祀師祠」的位置，也一如「書院」之作為地方文教的配置中心，皆扮演一精神空間的看重，其且是對於文化歷史的珍視及敬意。由院內師生在書院生活中，強調「成聖之教」的啟引，以及地方之重視興學，日久下來，即成良善溫厚之學風，諸如朱熹之於閩北、陳白沙與湛若水之於廣東，其人型塑的學區，顯見文教影響的無遠弗屆。

中國自有燦爛的「郁郁乎周文」以來，歷代留意斯文的主政者，熱衷教育（無論是官、私學）的大儒，思想界的哲人，莫不殷殷稽望「人文化成」之教。因此歷代學風之興衰，多少也叩繫著其時的文教風標。兼且學風之自主性格，不僅是重視時代之傳承或遞變，也關乎空間的地理分佈，一地之學盛衰，也正反映了人文薈萃或交通與否。今人更可藉由古冊之紀實，摩挲彼時學風與今日之現況的脈動，「天涯咫尺」的油然興慨，思想家、教育家的歷史側影，也因著學風之興替而體現無遺。

構成學風之幾大要素，不外乎政治情勢之安定與否，諸如戰亂，都邑位址之良否（如交通、經濟）之考量，文化傳承之分佈情況，人物思想之影響等，由此相互因果之交錯，形成中國歷史上、地理上學風變化的現象。舉其實例，如以「私學」之興起，化為地方之學風概況，有若西漢文翁為蜀地郡守，獎勵興學，創立了全國最早的地方學校，「文翁化蜀」是為中國私學的令譽；又如東漢，私學也促成了學風的地理性分佈，如馬融「為世通儒，施養諸生常有千載」，鄭玄則遊學十餘年回鄉，學徒相隨有數百千，晚年弟子自遠方來者，亦有數千，多和人物思想之推佈有關。或就文化傳統影響而言，如北方齊魯之地，始終有著深厚的學風底蘊，即為顯証。

通過學風之考辨推演，有助於書院在思潮層面「立體化」之理解，譬諸

劉伯驥在其《廣東書院制度》一書中，曾就廣東書院之歷史分佈型態，作過深入考察，並以明代為分界，比較前后兩期遞變之大勢：

> 明代以前，書院之分佈，以「人」為中心；明代以后，書院之分佈，
> 以「地」中心。即前者以名儒的倡導為增減，無論山陬海澨，名儒
> 之所在，即為書院之所在，根據其歷史性，不受環境限制，純為精
> 神的；后者書院既為官立，稍具規模，田產膏火之有無，即為書院
> 之盛衰，根據地理因素，受環境限制，純為物質的。〔註13〕

根據這些層面的詮釋，我們在定義書院事統教育哲學的理念，即已鮮明地確認「事統」實為和「人統」與「學統」，彼此互為兼攝及體現的精神，更遞進一層而言，已非「事業」、「事功」的概念所限，而應名為「志業」較為諦當，在「經世致用」的理念中，大體表現的訴求如下：

1. 面對佛、道二教的盛行，而有書院制度的興起與講學之設計。
2. 面對科舉流蔽、官學不振，而有書院自由講學，以及經濟獨立的事業基礎。
3. 針對理學教育自身的蔽端，而在教學內容、規約、組織上，有其建設性的改革及成果。
4. 針對政體、君權、民生等問題，有所批判裁量，進一步提出具體主張。

書院中的傳習與傳播理念，皆可視為事統教育哲學的陶冶與傳承，許多書院家的人間關懷，乃致具體理分的完成，率以此一入世志業的推致，作為儒家人文化成，如何在世代遞交過程中的慧命常規，允為教育史上不朽的豐碑。

二、書院教育的經世致用傳統

書院教育既然是以轉化傳統與落實儒家理想的常規，因此自始至終都不能自外於「事理」的範疇。尤其是從偏重內向「學理傳習」的型態，逐步朝著外向傳播的「無形網路」時，其教育自主性格中顯著的經世層面，就勢必如實地與外在大環境有所互動，並且作為學理自身的驗證工作。這一層的關懷，實有基源問題上的反省，陸象山有言：「儒者雖至於無聲無臭、無方無體，皆主於經世；釋氏雖盡未來際普度之，皆主於出世」。這一人生觀上的分際，實則表現了儒家思想所看重的體用之學，並非純然只是視為個人

〔註13〕《廣東書院制度》，第 75 頁。

修養上的哲理，而是立足於人間世相的具體理分，直下承擔，無所迎拒；是以在認知取向上，自宋代書院家以來，格外推尊「四書」，以取代過去「五經」之主導的地位，在齊家的治國平天下的張本上，愈見其經世的偉願及志業。

這一轉折，不儘只是一改漢儒所言「通經致用」或魏晉人侈言「名教與自然」的思維，而是企圖暢通原儒的慧命及本懷。然而所論及的「經世」概念，其基本的認知與範圍，是否能有一恰當的理解？我們固然可以就宋明儒以來，在學習範疇上看重的「治體」、「治道」、「治法」等論點，顯示一儒家入世的「價值取向」。或由經世的目標和史料根據作為起點，劉子健認為「目標」可以別為 1.道德 2.制度 3.專項事功三類；「根據」也有 1.經書 2.心性哲理 3.歷史三類。更進一步地分析，則是所謂的經世思想其內涵如何？外延有外大的關涉問題。韋政通據於各家的成果，歸納而為七點：〔註14〕

第一、 經世之義原本古代儒家的道術，故以民為本，以致用為目的，價值取向是入世的。

第二、 經世牽涉到政治、社會思想的各種基本問題，它的史料根據極其複雜，因此，經世無法當作一單純觀念來了解，也不是一個學派，所以很難有簡要的定義。

第三、 經世也包涵實現儒家政治原則的制度和規章，即所謂「紀綱世界」，而一切經世作為，君主與朝廷扮演支配性的權威角色。

第四、 經世思想與現代學科中的政治思想，其基本立場不同。

第五、 經世思想多半在政治社會遭遇危機或外在刺激外而興起。

第六、 以上各點大體是偏向於經世的原則性的討論，剋就十九世紀初葉魏源主編的《經世文編》而言，除了原則性的討論之外，更多的篇幅是在「討論技術性的經驗和具體建議，以及各類行政之具體概念」。

以上六點，可以回答本節一開始所提的經世的內涵是甚麼，它能不能下定義的問題。關於經世的外延有多大？如借用張灝的「經世」與「修身」兩個基本觀念，可以說凡是以修身為目的的一套理論，如心性之學與性命的形上學，應該都不屬於經世，也就是經世觀念的外延極限。

〔註14〕韋政通《中國十九世紀思想史》，第37～38頁。

　　此一推論，不僅表現為經世觀念，本身即為一複合性概念，故牽涉較為繁雜，再者也可視為觀念自身的流變歷程，乃由「外王」的理念，到「致用」的具體張本，遂在深化和廣度上，逐漸形成一個明確的價值取向，早已逸出於義理之學的既有格局。

　　順是，我們在探討書院事統精神的表現時，一者固然可由前述的三重空間關係，明乎「事理」的踐履成果；再者也可以藉由書院家們在「學理」闡述及具體張本設計上，體現此一慧命常規，如何以志業的入世關懷，有機地連繫而來。並可考索「經世」一義，如何由普通的書院「學理」，到最后形成「學派」間特殊的宗旨及主張。此一軌跡，更是與時局世變的外緣問題，進而促進書院自身性格的轉化，影響至鉅，不容忽略。

　　東林書院家顧憲成以「與世為體」作為講學宗旨，而高攀龍則謂「紀網世界」，同樣的皆以揭櫫「經世致用」作為書院教育的入世關懷。而此一傳統，實已導源於北宋胡瑗在蘇州、湖州任教，立「經義」與「治事」二齋，一面講明六經，一方面習治民、禦寇、水利等實事，即已對事統教育哲學的開展，深有啟發。〔註15〕不僅范仲淹在慶曆興學的改革中，主張以其教法作為太學法式，也受到宋明以來書院家之肯定，如朱子的「學校貢舉私議」，即推其在體制內的改革，有古法之美意良規，此一教育理念，可以胡氏的學生劉彝所言為代表：

> 聖人之道，有體、有用、有文；君臣父子仁義禮樂，歷世不可變者，
> 其體也；詩書史傳子集、垂法后世者，其文也；舉而措之天下，能
> 潤澤斯民，歸于皇極者，其用也。〔註16〕

此類以經世致用作為訴求的宗旨，在南宋書院家即有長足的發展，大體可以下述四大學統為代表：

〔註15〕《宋史·儒林列傳》卷二九一：胡瑗字翼之，泰州海陵人。以經術教授吳中，
　　　　年四十餘。景祐初，更定雅樂，詔求知音者。范仲淹薦瑗，白衣對崇政殿。……
　　　　范仲淹經略陝西，辟丹州推官。以保寧節度推官教授湖州。瑗教人有法，科
　　　　條纖悉備具，以身先之。雖盛暑必公服坐堂上，嚴師弟子之禮。視諸生如其
　　　　子弟，諸生亦信愛如其父兄。從之游者常數百人。慶曆中，興太學，下湖州
　　　　取其法，著為令。召為諸王宮教授，辭疾不行。為太子中舍，以殿中丞致仕。……
　　　　瑗既居太學，其徒益眾，太學至不能容，取旁官舍處之。禮部所得士，瑗弟
　　　　子十常居四五，隨才高下，喜自修飭，衣服容止，往往相類，人遇之雖不識，
　　　　皆知其瑗弟子也。
〔註16〕《宋元·安定學案》。

1. 以薛季瑄、陳傅良〔註17〕、葉適所代表的「永嘉之學」。
2. 以陳亮所代表的「永康之學」。
3. 以呂祖謙所代表的「金華之學」。
4. 以胡五峰、張栻所代表的「湖湘之學」。

前二大學派主事功，呂祖謙則主實學實用，而湖湘之學則以「經世致用」作為綱領，仍可視為彼此互相補充及影響的事統脈絡，並相較於其他偏重性理之學的書院學風。

　　事功學派的特點乃以「考訂經史」、「注重文獻」、「講求實學」、「黜斥空談心性」為訴求，因而有以「事統」返觀「學統」的色彩，史觀上的立場及格局，乃大別於傳統儒教的規範：

> 陳亮著有《酌古論》、《三國紀年》、《史傳》及《中興王論》，都是考訂二千餘年史實，足以開物成務之作。葉適的《羽學記言》，也是探討各家學說的歷史性學術著作。他的《進卷》所論，涉及綱紀、治勢、國本、民事、法度、財計、軍旅、經制、官法、士學、學校、科舉、銓選、資格、賦稅、役法等，都是考訂歷史，依據實事，改革弊政的建設性意見。〔註18〕

素以雍容博厚的呂祖謙，其立學宗風，則顯見一以學統「兼攝」事統的風格，不僅調和折衷朱熹、陸象山的內聖性理之學，也兼採陳亮的「事功之學」和唐仲友的「經制之學」，〔註19〕因能成就一兼容並蓄的「麗澤」書院風規。呂氏不僅在其學習範疇的層面多所涵括，也積極主張「學者須當為有用之學」：

〔註17〕陳傅良（1137～1203），字君舉，學者稱止齋先生，瑞安人。乾道進士。他早年以文章名，曾師事永嘉事功之學的創始人薛季瑄（1134～1173）。其學「以通知古今，講求實用為本」。他在任提舉荊湖南路平茶鹽事、轉運判官時，曾「率諸生與寮屬之好學者」，講學於嶽麓書院。著作有《春秋後傳》、《歷代兵制》、《止齋文集》等，樊克政，《中國書院史》，文津出版社，第 69、70 頁。

〔註18〕《中國書院與傳統文化》，第 113 頁。

〔註19〕唐仲友（1136～1188），字與政，學者稱說齋先生，金華人。紹興進士，任衢州西安簿。又中宏辭科，任建康府通判。曾向宋孝宗上萬言書，論時政。召試，授著作郎，歷知信州、台州，擢江西提刑。因受朱熹所劾而奉祠。擅長經制之學，全祖望謂其為永嘉學派之「最同調者」。曾講學於安田書院。著有《六經解》、《諸史精義》、《乾道秘府群書新錄》、《天文詳辯》、《地理詳辯》、《帝王經世圖譜》、《說齋文集》等，樊克政《中國書院史》，台灣文津出版社，1995 年，第 69 頁。

今人讀書全不作有用看。且如人二、三十年讀聖人書，及一但遇事便與閭巷無異。或有一聽老成人之語，便能終身服行，豈老成人之言過於六經者哉？只緣讀書不作有用看故也。

又說：「百工治器，必貴於有用；而不可用功弗為也。學而無所用，學將何為也？」〔註20〕

另於《太學策問》中提出「講實理、育實才、而求實用」的口號（見《呂東萊先生文集》卷二），並親身踐履於他在為政、教學、研究上的成果，並著有《歷代制度詳說》一書，對歷代學校，賦役、漕運、鹽法、酒禁、錢市、荒政、田制、屯田、兵制、馬政、考績等全盤環節，期以鑒古觀今，以務實之理念，作為書院價值取向上的理據及素養。這一探索的軌跡，在湖湘之學的傳統上，得到進一步的發皇與推廓，有「千年學府」令譽的嶽麓書院，即是此一學統的歷史典範，容后詳述此間的內涵。

另一方面，在經世具體張本的表現上，自明代陽明學派以降，即有有志之士參與其中，例如泰州派趙貞吉，欲作《二通》以括古今之書，內篇曰《經世通》，外篇曰《出世通》，可見其立意。而李贄在其《藏書》中特闢「經世名臣」一目，並和「德業儒臣」對舉，也顯其裁量所在；而江右派的馮應京所編的《皇明經世實用編》，則可視為明末陳子龍是輩所刊的《皇明經世文編》的前后呼應，也能說明「經世」命題，實為明末知識界的共同意識，〔註21〕下迄清代嶽麓書院賀長齡，魏源合編之《皇朝經世文編》，則是集大成的經世偉構。

另一方面，明末清初的思想家們，在這一方面的感受與興寄，也就格外旗幟鮮明，黃宗羲的《明夷待訪錄》、《留書》、《噩夢》等，皆能見其人在「經世」、「經史」層面的憂患與張本，李二曲在講學時，將學人治學書目中，別為二類，實為貫徹此一學統精神：

> 他為受學者所開列的讀書目錄分為「明體」與「適用」兩大類。前者是以陸、王為主的理學書，而後者則從真德秀的《大學衍義》、邱濬的《大學衍義補》、《文獻通考》、《歷代名臣奏議》等一系列舉到明末的經世著作。其中包括屯田、水利、鹽政、武備多種實務。尤其值得注意的是他特別看重馮應京的《皇明經世實用編》

〔註20〕《呂東萊先生文集》卷二十，「雜說」，第18頁。
〔註21〕《中國哲學辭典大全》，第693頁。

一書。〔註22〕

經世致用的傳統，其梗概約略如此，進一步歸究於教育陶冶和經世傳承上，得以樹立起理想的事統教育哲學典範，則可以東林和嶽麓兩大書院為代表，作為三統之學在兼攝和圓成上的一個基本型態。

三、東林書院的事統精神規劃

崛起於明末的東林運動，基本上可視為書院教育由學術本位轉向社會中心的趨勢，而此一歸趨，乃導源於明代盛行的講會制度精神。因此書生與人師們關切的論點，顯然已非純粹人統與學統的視野，而是在世運推移，人心思變的大勢之中，儒者自當有所堅持與具體主張。尤以明代中葉以來朝政及民生問題多半未能有效懸解，積蔽既深；而至為嚴重者，乃在於前文曾提及的價值判斷的失據，是非問題、義利問題、治體治法問題、復以書院內部的學統之爭，總體而言率皆表現為「理分」觀的混淆及衝突，人心的迷惑與價值的紛亂不一，實為當世關懷下的窘態。

屆此，以書院作為儒家淑世文化主軸的慧命常規，就不得不在認知和價值取向上，作一大輻度的調整，以相應於書院事統精神的傳承。東林書院所正視的，正是此一現實，而在其影響的層面上，實可概括為一「道德的重整運動」，而非純然地隸屬於政治運動，（黃宗羲所以格外強調東林講學與東林黨的分際），主要的理由是他們所關切的固然是晚明政爭中，制度上的摩擦問題（如內閣、三大案、宦官以及三黨之爭），但是此一風潮前後並未有一貫的制度改革主張，以及政治理念，也不具備今日政黨組織的規劃；儘能視為一由講學到朋黨的歷程，而在道德的理想及看法上，則是他們真正關切的信仰中心，甚至作為人格和政治判斷上的根本立據，其精神甚且近乎儒俠或愚俠的風節：

（1）從張居正到魏忠賢，明代朝廷之中的政治道德的腐化墮落可以說達到最極點；

（2）從王陽明學說發展出的宗教及思想上的折衷主義與反偶像的個人主義，在這個時期中也相當盛行；

（3）東林書院諸領袖深信朝廷道德的沒落根本上只是源自於這種思想潮流。為了恢復傳統的政治道德，他們極力維護正統的

〔註22〕《中國哲學辭典大全》，第 696 頁。

　　　思想態度；

（4）一般的東林黨人對於傳統的道德標準都有相當的尊重；

（5）這些東林人士基於這些共同的看法與理想而產生的一種共同
　　　意識，由於地理關係，朋友關係或師生關係而更加強；他們
　　　都往往喜歡直接或間接地把政黨與東林書院的講會連結起
　　　來。〔註23〕

這一信念亦即是前言中提到的書院教育中，外向的傳播意識，在具體理分上
的形成與建樹原則，因此在經世致用的層面上，會在政體、君權、民生社會
等論點上，有其裁量及定奪的表現。是以一「堂師友」在高標風骨氣節的前
提之外，更重要的，是傲然地以揭示書院事統精神，作為成就三統之學「內
外相埒」的文化人格自許，試觀顧憲成為東林書院所題的對聯，即可表現此
一宗旨的難能可貴：〔註24〕

　　　風聲、雨聲、讀書聲、聲聲入耳

　　　家事、國事、天下事、事事關心

此一積極的現世關懷，不僅彰顯著書院家民胞物與的情志，更是體現著書
院教育如何體現具體理分的完成。綜觀東林運動在明末社會激起的風氣及
影響，一者是書院制度的如實規劃及成果，如李弘祺所言：「書院之成為普
遍的私人教學的方式自宋而奠立，到東林書院時，可以說已經發展完成。」
〔註25〕

　　　另一方面更直截地，觸及了政權的核心結構；體制內的既存問題及盲
點，在東林人士的認知上，被視為是責無旁貸的理分所在，而「撥亂反正」
的訴求，更是東林一堂師友，前仆后繼的志業及心血所繫。在這一方面，所

〔註23〕《中國思想與制度論集》，聯經出版，第209～210頁。

〔註24〕顧憲成，字叔時，號涇陽，無錫人。幼家貧，刻苦勵學。師事張元洛，薛方
　　　旂。萬曆進士。授戶部主事，改吏部主事。告歸三年，輔驗封司主事。以上
　　　疏忤執政，謫桂陽州判官。歷處州、泉州推官，吏部考功司主事，員外郎，
　　　遷文選司郎中。因廷推閣員，舉原大學士王家屏，忤帝意，削籍歸。後詔起
　　　南京光祿少卿，力辭不就。卒後，崇禎初諡「端文」。為學推尊朱熹，但對王
　　　學亦有所肯定，並重視經世，留意時政。嘗謂：「官輦轂，念頭不在君父上，
　　　官封疆，念頭不在百姓上；至於水間林下，三三兩兩，相與講求性命，切磨
　　　道義，念頭不在世道上，即有他美，君子不齒也。」里居時，除曾講學於東
　　　林書院外，還曾講學於常熟縣虞山書院等處。著作有《顧端文公遺書》、《涇皋
　　　藏稿》等，樊克政《中國書院史》，台灣文津出版社，1995年，第182頁。

〔註25〕《浩瀚的學海》，第391頁。

謂的政治問題、國是問題，就被納入講學的範疇，而「政治行為」與「哲學思想」的關連及一貫的問題，正是此一學派所關切及批判的所在，並且他們更是直接地參與權力結構的中心，在明末政治生態消長的歷史中，「東林」遂為不容忽視的主導單位或變數所在：

> 顧憲成認為當時的政治鬥爭固然與制度上的不健全有關，但是他卻認為這些鬥爭在根本上卻是道德的問題。……而是所謂「善類」或「正人」或「清議」的一派，與另外一派自私自利、不顧原則的所謂投機、媚詔、心胸狹窄、好報私仇的黨羽之間的分裂。總之，東林黨人士從道德觀點來解釋當時的政爭，而且深信這種發展將使整個傳統的道德破壞無餘；因此他們希望先矯正當時道德的流弊，重建傳統道德，而後再給政治上樹立一種新的道德基礎。〔註26〕

這樣一個激進而鮮明的立場，在書院史上是極為可貴的歷史經驗，尤其是日後頗受爭議的「黨禍」問題，大體也是溯源於此。然而這一個層面的最大的寓意，乃在於他們啟發了宋明以來，書院教育在事功、實學、乃致「經世致用」的認知上，一個較為全面反省與創造的契機，也是論及理想的文化人格陶鑄上，如何由內向傳習，到外向傳播之間體用一貫，理論與實際並行不悖的堅持。然則東林書院在政治與社會制度上的立場，也提供了日後書院們在事統教育上的課題（如浙東、顏李學派以及清代嶽麓書院的學人），其中教育哲學的底蘊，即有開拓性的地位，尤其是肇基於顧憲成手訂的「東林書院會約」，更是事統教育哲學，在兼括人統與學統精神上的理念所繫。此一會約的內涵及結構，有如下的特點，可視為此一學派梗概：

（一）由不惑到自我起信的心靈自主精神

顧憲成以書院家淑世立教的本懷，在勘定東林書院的精神時，即以白鹿洞書院學規的「希聖希賢」理念為經，並由其哲學主張「與世為體」為緯的認識，在會約中揭示了「飭四要、破二惑、崇九益、屏九損」要點，作為學人在書院傳習砥勵中的試金石。破斥明代中葉以來浮詭不安、價值失據的人心；一方面除了倡言道統與講明正學的立場外，即以「飭四要」：「知本」、「立志」、「尊經」、「審幾」四大關目，作為正本清源，不為人惑的網領。所言「知本」，乃其通貫白鹿洞學規在學問思辨上的精義，並以人情性分作為

〔註26〕《中國思想與制度論集》，第 182 頁。

本然之理：

> 蓋亦有自以為識者矣，而高之則虛無，卑之則支離其識也，殆無以
> 異于不識也，究其弊又有甚于不識也，此無他，其于學也以己為準，
> 而不以性為準，其于性也，以其所謂性為準，而不以公共之所謂性
> 為準，于是妄開蹊徑，上下走作，或欲躍出人倫日用之表，而不安
> 其常也，或僅株守人倫日用之跡，而不研其精也，無為貴學矣。夫
> 然後知朱子之見之正也，守之確也，慮之遠也，防之豫也，故曰白
> 鹿洞規性學也不可不察也。〔註27〕

此旨一經揭出，乃痛斥明季玩弄光景或墨守門戶之學風，實有學統上的勘定意義。東林學派事實上也是明代，在折衷程朱與陸王二大系統上，尤有用心的學術團體，因此並不苟同王龍溪以降，橫肆一時的「四無說」，以及「以悟為宗」的王學末流。但也不是一味地接納程朱之學的理路，在此有其獨立思考所在，認為「以考亭（即朱熹）為宗，其弊也拘；以姚江（即王守仁）為宗，其弊也蕩。拘者有所不為，蕩者無所不為。拘者人性所厭，順而決之為易，蕩者人情所便，逆而挽之為難。昔孔子論禮之弊，而曰與其奢也寧儉。然則論學之弊，亦應曰與其蕩也寧拘，此其所以遜朱子也。」故以「至善為本」，而謂「窮理者格物也，知本者物格也‧窮理，一本而萬殊，知本，萬殊而一本」。唯能如此方，不致有失本之慨；同派的高攀龍〔註28〕在其書院講義中即有呼應觀點：

> 心之所同然，不是輕易說得的。只看口之於味，必須易牙之味，天
> 下方同；耳之於聲，必須師曠之音，天下方同；目之於色，必須子
> 都之姣，天下方同。不然，畢竟有然有不然者，說不得同嗜同聽同
> 美也。心之理義，何以見得天下同然？須是悅心者方是。……。所

〔註27〕高廷珍主編《東林書院志》卷二，廣文書局。
〔註28〕高攀龍，字存之，號景逸，無錫人。萬曆進士。授行人。以疏劾大學士王錫
　　　　爵（1534～1610），謫揭陽典史，旋以事歸里。天啟初，起為光祿寺丞，進少
　　　　卿，歷太常少卿、大理少卿、太僕卿，擢刑部右侍郎，拜左都御史。以揭發
　　　　閹黨崔呈秀，遭嚴旨詰責，乃引罪懷里。次年被削籍。天啟六年，聞將被補，
　　　　投水自殺。崇禎初，諡「忠憲」。學宗程朱，「以復性為主，以知本為宗，以
　　　　居敬窮理相須並進為終身之定業」。但也受到王學的某些影響。曾與顧憲成等
　　　　講學於東林書院。憲成卒後，主東林書院講席。又曾講學於首善書院。著有
　　　　《周易易簡說》、《春秋孔義》、《高子遺書》、《就正錄》等，編有《二程節錄》
　　　　等，樊克政《中國書院史》，台灣文津出版社，1995年，第183、184頁。

> 以理必曰窮理，義必曰精義，不到至處，喚不得理義，不足以悦心，
> 不足以同於天下。〔註29〕

這一申論，乃相埒於書院中「究元決疑」的特質，故不取王門後學「現成良知」或「以情識為性」的主張，顧氏遂剴切以當下，本源之論，作為學統上的救正，其「當下繹」一則，甚具教學宗旨的當機立教特點：

> 當下者，即當時也。此是各人日用間，現現成成一條大路，但要知
> 有個源頭在。何也？吾性合下具足，所以當下即是合下。以本體言，
> 通攝見在過去未來，最為圓滿；當下以對境言，論見在不論過去未
> 來，最為的切。……。是故認得合下明白，乃能識得當下，認得當
> 下明白，乃能完得合下。此須細細參求，未可率爾也。〔註30〕

苟能知本，則道德本心皆以至善知本為要，工夫和本體才能浹洽，而不流於方便或蹈虛之病。進而復言「立志」，即以聖人必可學，乃因一切具足，故以「希聖希賢」之志，作為踐履之起點：東林教育中「以世為體」的襟懷，正是承此而來，例如《明儒學案》中，所載東林學人劉靜一則有謂：

> 先生與東林諸君子為性命之交，高忠憲曰：「靜之官不過七品，其志
> 以為天下事莫非吾事。若何而聖賢吾君，若何而聖賢吾相，若何而
> 聖賢吾百司庶職。年不及強而仕，其志以為千古事莫非吾事。生前
> 吾者，若何揚揭之，生當吾者，若何左右之，生後吾者，若何矜式
> 之。」〔註31〕

即便是講會中，多所裁量人物，訾議國政，亦不外乎希冀執政者「聞而藥之」，乃一轉明末講會流於空談性命的時風，以立身之大節相互風標。故有無錫的「經正堂」、宜興「明道書院」、虞山「文學書院」、金壇「志矩堂」等起而響應。

另一方面並以「尊經」作為陶冶德性，變化氣質的具體主張，並藉以導正學人之通病：

> 所謂陶冶德性變化氣質，胥而納諸大中至正之歸，其功豈淺鮮耶，
> 若厭其平淡別生新奇，以見超是日穿鑿，或畏其方嚴文之圓轉以自
> 便，是曰矯誣，又或尋行數墨，習而不知其味，是曰玩物或膠柱鼓

〔註29〕《明儒·東林學案》，第 1430、1431 頁。
〔註30〕同上，第 1397、1398 頁。
〔註31〕同上，第 1477 頁。

瑟，泥而不知其變，是曰執方至乃枵腹高心，目空于古，一則曰何必讀書然後為學，一則曰六經註我，我註六經，即孔子大聖一腔苦心，程朱大儒窮年畢力，都付諸東流已耳，然則承學將安所持循乎。〔註32〕

而如何達到經學和義理通貫，則當為東林學派以「經術」作為「經世」之跟砥的觀點，因此如高攀龍令為學者讀四書、五經、小學、《近思錄》、《性理綱目》，即以端心術、正其識見，作為基本學人素養。為國家有用之才的識見，此一認識在其後學吳觀華在申訂東林會約時，也不外乎「深實功以窮經」作為會講中的先務：〔註33〕唯有此一實功，才是通儒與真儒的素養所在，在真知力行的實踐上，才能不為人惑，不為外惑、不為學惑，達到高氏所謂體證親切的心境：

自有知識以來，起心動念、俱是人欲。聖人之學，全用逆法，只從矩，不從心所欲也。立者立于此，不惑者不惑於此，步步須矩，故步步逆欲，到五十而知天命，方是順境，故六十而耳順矣，七十而心順矣。〔註34〕

因此東林學派，乃以端正道德人心作為規範現實的起點，正是試圖挽回人心在紛競的思潮及亂象中，如何「相與商求立身第一義」，作為同志之會的本心。而「審幾」一旨，即在於獨立思考自我的問題，以及入會的動機如何安立的問題；如能以精神用事為第一義，當能在會中「人亦以精神赴之相薰相染，相率而入于誠矣，所以長養此分之善根」。這一大關目，正是關鍵著如何由不惑到自我「起信」的樞紐，另一方面也誠為「破二惑」中，力矯時人針對書院講會箇疾（即失之高遠迂闊，或所講非所行）的偏見。此點不僅深切地表現在東林學者自身的修持大節上，也常在與會中叮嚀受學者，如吳鍾巒所言：

今日會講，各人須細細密察，為文學而來乎？為理學而來乎？為道學而來乎？為文學來，不過學業上討些悟頭，這不中用；為理學來，研窮意義，亦是訓詁學究伎倆，也不中用；為道學來，實踐躬行，纔有中用。這便是所安。又為先生而來乎？為聖賢而來乎？為自己

〔註32〕《東林書院志》卷二。
〔註33〕《東林書院志》卷二。
〔註34〕《明儒·東林學案》，第1428頁。

> 而來乎?為先生而來,先生有出山時節,這靠不得;為聖賢而來,
> 聖像有不懸時節,聖人之書有不對面時節,亦靠不得;為自己而
> 來,立志在身心命,這纔靠得。這便是所安。此是君子小人親筆供
> 狀。〔註35〕

唯能如實起信,真知力行只在心地上明明白白,而不在義理見聞上誇張求異,所以於富貴、貧賤、造次、顛沛之間,得其正軌,不失準據,故能在逆覺體證上,一以貫之。顧憲成講學主綜攝,而不求偏義,主融通而非妄斷,正是據此一自信而來,故有沈著痛快之論:

> 性,太極也,知曰良知,所謂乾元也;能曰良能,所謂坤元也;不
> 慮言易也,不學言簡也。故天人一也,更不分別。自昔聖賢論性,
> 曰「帝衷」,曰「民彝」,曰「物則」,曰「誠」,曰「中和」,總總只
> 是一個善。〔註36〕

(二)由講會教育中陶鑄理想的文化人格

東林書院的講會原理,基本上乃理學教育,針對自身在傳習和傳播上的問題,進一步有所損益及開展。因此他較為全面性地,概括了書院教育哲學中「人統」與「學統」的精髓,而在修養領會、工夫綱領、乃致程朱,陸王兩系的學習範疇中,尤有積極的消融。例如有效地改良朱子白鹿洞學規的精神,並且轉化了王陽明針對講會制度設計的原理,而在會中同時兼具了「學規」、「會約」以及「儀式」三大環節,遂能在民間社會構成一理想的「無形網路」。

再者,東林的講會,同時又親切地把握著具體理分的關係,在會中的書院生活中,針對「事理」的反覆推求及啟益,更是此一學派的本色當行。因此在會約中,最為緊要的論點——「崇九益、摒九損」,即是申明講會可貴的理想所在,乃以陶鑄理想的文化人格為旨趣,所謂的九益,乃指前來受學者能夠自我起信的九大助益:〔註37〕

1. 希聖希賢的學設本指。
2. 廣聯同志,來者不分尊宿名碩或草野齊民,總角童子皆得環而聽
   教。

〔註35〕《明儒・東林學案》,第 1497 頁。
〔註36〕同上,第 1381 頁。
〔註37〕《東林書院志》卷二。

3. 同志間指視森嚴，精神自是奮發，可得安身立命之處。

4. 整肅習氣，一切凡情俗態，皆能蕩然而盡。

5. 一堂之上，雍雍濟濟，可省千里尋師覓友之功。

6. 廣見博聞。

7. 當下抉擇，一日之中可以按既往，可以籌將來。

8. 人之責望我，我愈益善。

9. 我之自樹立者方真，則為人生一大究竟也。

所謂的「九損」，乃指與會傳習中，可因眾友切磋，刊落諸多的習氣、偏見、困惑，以及俗情所累，此點尤為警闢：〔註38〕

鄙──比昵狎玩

僻──黨同伐異

賊──假公濟私

浮──評議是非

妄──談論瑣怪

怙──文過飾非

憚──多言人過

滿──執是爭辯

莽──道聽塗說

由「九益」對觀「九損」，誠為東林學人「陶鑄生平、豈繫細事，故欲人知所去取」的共同信念。尤其是身值明末的黨爭，以及魏忠賢亂政的世風之下，他們不僅嚴於個人的操持，在當權者之前，也多直言不諱，皆以道德標準作為進退出處的理據所在。甚且貶謫、下野、削藉皆在所不悔。就教育哲學的角度而言，此一事統精神的表現，乃強調「眾學」之益，而不徒然倚靠純粹道統觀的精神信仰。是以「同志之會」乃集眾人之經驗、專業、閱歷，乃致修養的大成，在學統上爭執不下的「博」、「約」問題，「尊德性」和「道問學」的分際，在此一「眾學」中已然不是問題。再者人心的如何安身立命，常保惺惺之感，才是一大關鍵，顧憲成有言：

> 一人之見聞有限，眾人之見聞無限，于是或參身心密切，或叩詩書
> 要義，或考古今人物或商經濟實事，或究鄉井利害，蓋有精研累日
> 夕而不得，反覆累歲月而不得，旁搜六合之表而不得，遂求千古之

〔註38〕《東林書院志》卷二。

　　上而不得，一旦舉而質諸大眾之中，投機遘會，片言立契相悅以解
　　者矣。〔註39〕

此一理念，也表現在東林書院規劃中的「隱藏式課程」，在其院中的講堂與祠堂的「命名」象徵裡，實寓有其教育意味，可見書院家心影之貫注其中：

　　此猶就自家檢點言也，而人之檢點，我尤甚，若曰：是「依庸堂」
　　中人耶？庸言信乎、庸行謹乎？是「麗澤堂」中人耶？願聞己過乎？
　　樂道人善乎？又若曰：是「道南祠」中所為齋明盛服，肅謁入先生
　　之前者耶？異時孰當楊先生乎？……夫如是其責我也不已周乎？其
　　望我也不已厚乎？其愛我也不已至乎？〔註40〕

這一不斷自剖及警策性的叮嚀，乃一當事人「心理」和講堂與祠堂的「物理」空間有機連繫，誠是東林教育在以「事理」為中心的思維模式。如是「內向傳習」的脈絡上，乃強調朋友講習，兼收眾學之益，而當以顧憲成的〈麗澤衍〉為義理所在。顧氏的〈麗澤衍〉，旨在進一步闡明其會約中的「眾學」精神，因此在他興復東林舊址時，即顏其講堂為「麗澤」，蓋取諸易經「麗澤兌，君子以朋友講習」「兌，說也，兌為澤，兩澤相麗，互相滋益生氣津津，有說道焉。」故其題聯以「樂道人善」、「願聞己過」作為命意所在，實為彰顯儒教中「以文會友，以友輔仁」的理想：

　　惟是君臣、父子、夫婦、兄弟、各有專主，而朋友則無所不攝，君
　　臣之義、父子之親、夫婦之別、兄弟之序，各有專屬，而講習則無
　　所不貫，況事變之來，千頭萬緒，儘有上不可言于君親，中不可言
　　于兄弟，下不可言于妻子，而獨可從容擬議于朋友者，人情之蔽千
　　態萬狀，儘有上之君親莫能諭，中之兄弟莫能諭，下之妻子莫能喻，
　　而獨朋友能因機轉移者，論至于此，然後知非朋友無以成其君臣、
　　父子、夫婦、兄弟，非講習亦無以成其朋友也。〔註41〕

此一理想又特別標以「朋友講習」一倫，以為兼攝五倫之間，如何圓成具體理分的主張，實已切入「事理」問題，如同在人倫關係中，積極扮演影響的因素。對於義利問題、名實問題、義命問題、家國關係等範疇，予以近乎人情的闡義──由「聖人」立象，到「眾人」立善的認知過程，更是事統精神

〔註39〕《東林書院志》卷二。
〔註40〕同上。
〔註41〕同上，卷三。

的演進及成效。

顧氏在此一開放性的教育哲學下，不僅致力於講學，更將與會時的會語、講義刊印，在社會上廣泛流傳，激起影響，陸續發表的即有《東林會約》《小心齋札記》《證性篇》《東林商語》《南岳商語》《仁文商語》《虞山商語》《經正堂商語》《明道商語》等系列，可視為眾學理念的集大成，也是以朋友講習，事理共學「商量」的成果。〔註42〕

眾學之益，乃在於「見賢思齊」的影響，相較於劉蕺山的「慎獨」教法，可謂更具荷擔世事的眼光，而在外向傳播層面而言，則可作為此一眾學理念具體化的集中表現，即是東林書院的道德重整運動。東林人即以風節相呼應，因此不論是在朝或在野，皆以道德本位推服，所在的講會中「摒九損」的提出，即在於期勉學人樹立自信及主見，在個人修持上，避免「妄、過、悖、滿」的毛病，也可在師友之中因「指視森然」而化去偏執。再者，以消除「黨同伐異」的心態，懇切地去面對學理、道理、以及事理，可免淪為門戶或黨性之爭。（可惜東林後來學未能貫徹此一信念，在介入歷次政爭之后，如黃宗義所謂『東林由是漸為怨府』，此乃明末情勢惡劣不得不然也。）繼而以「立公門，去私用」的主張，批判「假公濟私」的世風，一方面以改革科舉，作為政治革新和教育復甦的關鍵，避免科場弊案每況愈下的局面，如錢一本曾上疏揭露內閣在科場舞弊事件。而顧憲成更鮮明地主張以疏通「人才」及「取士」管道的嚴肅性：「上不得私其下，下不得私其上」；〔註43〕唯能在科舉改革上痛下處分，不僅是一種「可見的實事」，則賢才得以一展抱負，走「公門」、行「公典」；再者高攀龍在〈破格用人疏〉中亦強調「童儒試于有司，奔競成風，孤寒往往擯於府試」，而對有真才實學者，又有「破格用人」的構想，意圖以「實學」，救濟虛耗的國政及時局。

這樣高標理想的風氣，在外向傳播上的具體表現，即是以「清議」作為文化人格的體現，唯能在道德理想上不為人惑而自信者，才有是非判然的定見，以及「本色湛然」（高攀龍語）的修養。繼而政治上有其立場，在具體理分上有所荷擔及堅持，名節與義利之辨，遂能有所貫徹。黃宗義乃以清議精神，作為確估東林學派在書院史上不容替代的地位，《東林學案》以及《明夷待訪錄》「學校篇」，皆據此作為知識分子自覺及進取的理想所在。然則所言

〔註42〕《中國書院史》，第 750 頁。
〔註43〕同上，第 737 頁。

的清議者,表現在事統教育中的特點為何?東林書院「以世為體」、「紀綱世界」的宗旨下,學人莫不以嚴於「是非之別」、「君子小人之辨」作為主要關目,而痛砥是非不明的「鄉愿」心態,更不遺餘力,如劉永澄論:

> 今有人焉,矜矜於簞食豆羹之義,木頭竹屑之能。至於攖小人之忌,觸當世之綱,而上關國是,下關清議者,則惟恐犯手撩鬚,百不一發。雖事任在躬,亦不過調停兩家,以為持平之體。此其意何為哉?得失之念重耳。〔註44〕

顧憲成之弟顧允成於此一分辨上,更是大加韃伐,認為學理不明、人心不彰、政局不清,病根皆在於此:

> 平生所深惡者鄉愿道學,謂:「此一種人,占盡世間便宜,直將弒父與君種子,暗佈人心。學問須從狂狷起腳,然後能從中行歇腳,近日之好為中行,而每每墮入鄉愿窠臼者,只因起腳時,便要做歇腳事也。」……「夫假節義乃血氣也,真節義即義理也。血氣之怒不可有,義理之怒不可無。義理之節氣,不可冗之而使驕,亦不可抑之而使餒。以義理而誤認為血氣,則浩然之氣,且無事養矣。近世鄉愿道學,往往借此等議論,以銷鑠吾人之真元,而遂其同流合污之志。其言最高,其害最遠」。〔註45〕

這樣的理路,基本上是東林學人的哲學主張也是政治立場的通性,高攀龍所言的「紀綱世界」,也是在於「是非明白」,所以「小人聞而惡之,廟堂之上,行一正事,發一正論」,皆為東林人的本色。至於學統上的要求,也是善惡判然,不容相混。因此佛老異端,以及王學末流,同樣的皆非「正色」,率皆不取。這樣的用意在於藥鋤是非真偽不分的世局,期望「千年暗室,一燈即明」,東林人所發的清議,即以此為自律道德所在,在明代的國本之爭,東林人士與宦官、其他朋黨抗衡的局面下,甚且種種不利於東林書院的局面時,有人對顧憲成建議時局紛紛,講會不宜再舉時,他即慨然而言:「吾輩持濂洛關閩之清議,不持顧廚俊之清議也,大會只照舊為妥」,立場之堅絕,一貫於日後黨禍時,東林人士的氣節與殉道精神,光照塵寰。

(三)由真才實學到經世致用的事統理想

東林學人有鑑於明代中期以來,上位者不問朝政,且內閣大學士與朝臣

〔註44〕《明儒‧東林學案》,第 1478 頁。
〔註45〕同上,第 1469 頁。

之間制度上的既存問題，不僅不察於民間疾苦，且一任宦官魚肉百姓及經濟。再者官學與科舉培養出來的士子，多為熱衷名利，不具實學的書生，或僅守門戶，無助於時局。因此如何以批判性和建設性，兩面俱進的理想，以濟土崩魚爛的局勢。前者以清議立場為訴求，後者則以強調經世濟民的「人才實學」觀為內容。

東林學派以「尊經」作為學統上的基礎，以真才實學作為經世之術的憑據，對於具體理分的看法，則以前述朋友之義相輔相成；高攀龍在〈論學揭〉上則以實學為要務。「性者何也？天之道也，知道則刑名錢穀皆實事也，不知道則禮樂刑政皆虛文也。」〔註46〕故主張「即事為學」而轉化程朱派「格物窮理」的虛歉所在。是以東林會約中力主「躬行」，以為對症下藥之旨。此一宏願一直傳承下來，在其後有「小東林」之稱的「復社」志士們，率以「四方多士，共興復古學，將使異日者務為有用」（復社紀略·卷一），以及清初黃宗羲門人創辦「講經會」（即其後的甬上證人書院）；皆是此一餘緒而來。

然而一代世風的麻木不仁，抑或是生機蓬勃，其關鍵正端賴於人才之盛衰與多寡。高攀龍即言「政事本於人才，舍人才而言政者，必無政。財用本於政事，舍政事而言財者，必無財」可視為此派之基本邏輯，因此在事統上，如果期待在「規範現實」上有其建樹，則人才之培養與凝聚，才足為有恃無恐的實力。誠如顧憲成的「眾學」觀，集天下一國之「善士」，以抗懷當代，逆流而上。事實上在明代幾經波折的政局下，東林人先後亦有參與國政、主導一時的機會，只可惜受制於官宦集團之壟斷，發揮有限，不能持續開展。

在民生問題的關切上，東林人士更積極地介入「官逼民反」的潮流之中：

> 如當時鳳陽巡撫李三才，曾以激烈的言論，反對礦監稅使的征商，為工商者請命，他說：「自礦稅繁興，萬民失業，陛下為斯民主，不惟不衣之，且並其衣而奪之；不惟不食之，且並其食而奪之。征權之使，急於星火，搜括之令，密如牛毛。」就他所管轄的地區來說：「中使四布」，而無賴亡命之徒，又「附翼虎狼」，殘害市民工商，如此政令，是官逼民反。東林學派人士，竭力支持三才的言論，並推荐他入閣。正是由于這種原因，李三才被誣為東林黨。〔註47〕

〔註46〕《東林書院志》卷十七。
〔註47〕《中國書院史》，第724頁。

又如顧憲成擔任過泉州府的推官，後來在吏部任職，皆有政績，楊漣曾任常
熟縣令，除在東林講學之外，政暇之餘常在地方「問民疾苦，徒行阡陌間」
于是「遍知閭里利病。」（〈東林列傳〉‧卷三）而周順昌也是深得民心的東林
人士，在其后閹黨逮捕之時，市民「不期而集者數十萬人」，援助東林人士，
三學諸生亦參加鬥爭。〔註48〕

　　東林流風所及，不僅聽眾的階層深入民間，而其中論學的務實風氣，也
是此一事統精神的關懷：

> 　　東林學派講學的內容，主要是以儒家經史著述為主，但也包括一些
> 實用的自然科學知識。……當時常州有位東林學者唐鶴征，談到東
> 林書院講學內容時說：「日與同郡龔道立、顧憲成輩講學東林書院，
> 諸儒語錄、天文地理、陰陽術數家，靡不究極。」可見，東林書院
> 講學內容豐富，且富有適用性。〔註49〕

在人才主張上，「破格用人」的主張更是極有見解，錢一本、高攀龍、顧憲成
等人的努力，可見於事實：〔註50〕東林學人的風節確乎是儒俠的襟懷與經世
取向，雖然以道德的判準作為其入世張本的規劃，仍有很大的不足之處，但
此一探討空間，正是書院教育在事統理念上，一個承先啟后的重要階段。這
一方面的全盤性歸納，以及創造性的提出，則是以清代的嶽麓書院作為代表，
但東林書院一堂師友，在具體理分上的堅持及成就，仍足為事統精神在書院
史上，極為可貴的教育實踐。

四、嶽麓書院的事統教育典範

　　肩負「千年學府」令譽的「嶽麓書院」，不僅是我國最為古老的書院，也
是作為中國大學精神至為顯著的象徵。他的文教背景以及綿長的人文底蘊，

〔註48〕《中國書院史》，第 734 頁。

〔註49〕同上，第 746 頁。

〔註50〕同上，第 736 頁。萬曆二十五年（1597），他們曾通過吏部奏議提出「破格用
　　　　人」的名單，有一八三人之多，其中有不少是有名的東林學派人物，也有相
　　　　當一部分中間分子。可是，由于勢力薄弱，沒有成功。高攀龍又在天啟二年
　　　　（1622）上疏說：「臣觀今日之大事不可測也。……非常之時，豈當守尋常之
　　　　格。……國家之事，束縛于格套，分歧于意見，搖奪於議論。」當國家興旺
　　　　的時候，有志之士，無事不可為，而今被常規「格套」束縛，特別是被魏閹
　　　　專權，使「有志之士，無事可為」。在今要安內、御外，不可「循沿積習」，
　　　　只有破除「格套」，選用人才，國家才有希望。

正是中國書院的歷史寫照，同時也遍潤著三統之學的教育宗旨，陶鑄著文化
人格理想的使命。自北宋以來，重大的書院家、傑出的歷史人物，莫不交會
在這座位居湘江河畔、嶽麓山、青楓山出口的學府；張栻、朱熹、王陽明等
大師皆曾在此講學，以經世致用為特色的「湖湘之學」正屆此成為教育的基
地。千年以來師生中載入史冊者，僅為正史立傳的就有二十六人，列入省志
的更多，這些人中英傑的「三湘雋士」，不單是「地接衡陌、大澤深山龍虎氣，
學宗鄒魯，禮門義路聖賢心」的詮釋，光是有清一代，影響近代史甚鉅的錚
錚人物如王夫之、魏源、曾國藩、左宗棠、郭嵩燾、譚嗣同、唐才常、黃興
等人，更是出自嶽麓書院的學風，而以荷擔天下，扭轉乾坤，允為書院史上
的傳奇。書院大門兩側「惟楚有材，于斯為甚」的聯語，更是湖湘人士，為
之豪興遄飛的自信所在。

　　就書院史的探討角度而言，清代書院的開展始終受制於長期考證之學的
籠罩之下，復以科舉、官學制度化的束縛，在教育哲學上甚難有所突破，有
識之士如顏元的實學派書院，也僅是曇花一現。唯有黃宗羲、全祖望下啟的
浙東之學，以及阮元所主的詁經精舍和學海堂，可視為學統精神的典範。屆
此卻不能忽略清代中葉以後，以劉逢祿、莊存與、龔自珍〔註51〕、魏源為代
表，逐漸興起的常州公羊之學的「經世」主張及影響；下迄清末康有為、梁
啟超的維新變法風潮，實與書院教育的開展，有著互為關涉的影響。此一脈
絡，即為清代以來嶽麓書院「經世致用」的事統教育精神，實已具足了自立
新局的條件，事實上也是書院千年歷史上，真正在規範現實的層面，有著具
體而全面性改革的力證。申論書院教育在文化人格的健全視觀，自是不能忽
略了這一階段重大的歷史經驗。

　　以宏觀的立場評價此一事統教育哲學的表現，兼攝了嶽麓書院在「三統

〔註51〕　龔自珍（1792～1841）原名自暹，又名鞏祚，字瑟人，一字爾玉，號定盦，
　　　　仁和（今浙江杭州）人。初以舉人為內閣中書。道光進士。有旨以知縣用，
　　　　呈請仍回中書原任，遷宗人府主事，改禮部主事。後辭官南歸，曾就丹陽雲
　　　　陽書院講席。自幼深受漢學薰染，後從常州今文經學派的代表人劉逢祿（1776
　　　　～1829）學習《公羊春秋》。生平究心經世之務，曾尖銳抨擊清政府官僚之弊
　　　　端，要求「更法」、「改功令」，並主張嚴禁鴉片，遷徙內地無產之民去新疆從
　　　　事開墾，加強沿海與西北邊疆之防務。博通經史、輿地、金石、文字之學，
　　　　長於西北輿地，晚尤好佛學之書。詩文瑰麗，風格獨具。著有《定盦文集》、
　　　　《大誓答問》、《春秋決事比》、《學海談龍》、《破戒草》、《己亥雜詩》、《定盦
　　　　別集》、《庚子雅詞》等，後人輯有《龔定盦全集》、《龔自珍全集》等，樊克
　　　　政《中國書院史》，台灣文津出版社，1995年，第260頁。

之學」以及「三重空間」的規制中，具體建構的教育型態及影響，可同觀「教育」與「哲學」、「思想」與「制度」之間的脈絡。所謂的「經世致用」理念，才能如實地相應於由「儒學──儒教」的慧命常規，進而創造新局。

　　「經世致用」的理念，歷來有志之士，莫不以此作為折衝樽俎，封彊禦侮的發願。然而每當世局衰微，學風不彰之日，經世的命題與吶喊，就有著更為深刻的批判，尤以知識分子自身的檢證至為嚴肅。誠如明末「東林餘緒」的復社志士們主編的《明經世文編》，即已憂患而心焚如火的宣言：

> 經壞而所以經世之術皆壞，即在文字之中，語言之內，荒唐紕繆為
> 弊已極，又安望其扶陰陽、挽否泰，審治亂之數，拯迷復之凶，經
> 論於屯始而幹旋於蠱終，取天地已釋之，擔而肩之荷之乎？〔註52〕

憂天恤緯之士若陳子龍、徐孚遠是輩，遂慨然以刊定是書鉅製，作為針砭時局的張本，在經世思維的傳承上，他是在陳九德的《明名臣經濟錄》、陳其傃的《明經濟文輯》、以及萬表的《明經濟文錄》的成果上，後續轉精，體例更顯完足。下迄清代嶽麓諸生賀長齡、魏源所主編的《皇朝經世文編》，皆是事統精神的體現及積業。

　　是編的規模，實已該備了經世致用的整體範疇：

> 全書包括範圍，大體上有時政、禮儀、宗廟、職官、國史、兵餉、
> 馬政、邊防、邊情、邊墻、軍務、海防、火器、貢市、番舶、災荒、
> 農事、治河、水利、海運、漕運、財政、鹽法、刑法、錢法、鈔法、
> 稅課、役法、科舉、宗室、彈劾、諫諍等各個方面。〔註53〕

選文的理念，主要以「明治亂」、「存異同」、「詳軍事」作為骨幹，遍及有明一代朝臣志士的言論及經濟文章，其重視「當世」的眼光，實已擺脫傳統儒者「尊古抑今」的思維與局限，誠如陳子龍所言：

> 今天下學士大夫無不搜討緗素，琢磨文筆，而於本朝故實，罕所措
> 心，以故剞藻則有餘，而應務則不足語，云高論百王不如憲章當
> 代。〔註54〕

此一觀點，率皆表現於他們留心有明一朝的時局及問題，如論政局之良否：

> 神祖當豐享豫大之時，恭已無為，而朝論漸分，黨議斯起，於是矜

〔註52〕陳子龍主編《明經世文編》，序第31頁。
〔註53〕同上，第5頁。
〔註54〕同上，第35～36頁。

重氣節，標尚議論，爭國本、擊礦稽、辨綸扉之邪正、訟計典之枉
直。以至視朝起廢，披鱗請劍，章滿公車，豈非公論最伸，而清議
足傳歟，此又一盛也至。〔註55〕

此則乃為東林清議之風定位，又論人才英傑，如王陽明、高攀龍是輩，有其
看法：

或崇尚拳武律之儒將，俱非本色，若劉青田、王文成，忠智有餘，
功勒鐘鼎，雖有議者，吾無閒然。一古之傑士，言足載道，不為雕
飾，如薛文清、岳文毅、劉忠宣、章文懿、羅文肅、顧文端、馮恭
定、高忠憲之徒。有日星河嶽之望，乃吉人辭寡，於斯足徵。錄其
數篇，以為模範。〔註56〕

精闢者莫若局勢之論，如論外患，則有全局在胸的識見：

一國家外夷之患，北虜為急，兩粵次之，滇蜀又次之，倭夷又次之，
西羌又次之，誠欲九塞鹿清，四隅海燕，方叔召虎，一時咸慕風采。
奕世猶仰威名。指受方略。半係督撫……姑舉數端，以該遠近。至
于山川扼塞之形，營陣車騎之制，部落種類之異，測候偵探之法，
凡可資於韜鈐，固弗施夫羅弋。〔註57〕

進言時務如論廣屯種、興鼓鑄、汰冗濫、準食貨，可以徐文定之《農書》；袁
運司之鹽法為佐，而明罰刺法，以及國工之難得（如修邊、治河、制器等），
皆其關懷所在，另者如「夷夏之勢」的考察，也有其細心所在，已具備實地
考索的調查報告。〔註58〕

　　在宏觀與細究的層面上，明末一期的知識分子，大體已能打開經世致用
的理想藍圖，而在書院史上，啟沃於湖湘之學的嶽麓書院，更是繼承了「與
世為體」的志趣，在經史、實學、時務、人才乃致學區的推動上，更是打開
了一道足堪踐履的現世關懷。例如明末東林書院第二代宗師高世泰校士湖南
時，稱明末為嶽麓書院院長的吳道行「講習于斯，其道以朱張為宗，與文端、

〔註55〕陳子龍主編《明經世文編》，第50頁。
〔註56〕同上，第51頁。
〔註57〕同上，第53頁。
〔註58〕同上，第54頁。一予少遊燕趙，見雄邊子弟，據鞍顧盼，心竊好之，然每遇
　　　　神駿，未能辨別。向擬上自周泰下至今茲，細而種類年齒之殊，大而生長蕃
　　　　育之道，俱為寫其形容，詳其沿革，乃日回月轉有志未逮。夫以走逐飛，必
　　　　須良產，違害就利，莫如官牧。觀乎斯編，可知駉政廢修之因，牟識夷夏強
　　　　弱之勢矣。

忠獻撰固一也」。〔註59〕指嶽麓和東林的經世器宇相埒，更能體現此一事統理想，實為書院家念茲在茲的心影。

（一）事統之學的宏規及表現特點

嶽麓書院自南宋以來形成的湖湘學統，以「經世致用」作為教召以來，即已鮮明地表現了在事統上的立場及關懷，如張栻在政治上的慷慨敢言，兼具時務之見；對外以抗金為訴求，對內則以革新政治，「專務自強」為信念，其讜論可謂鞭辟入裡，以對執政者的陳情為例：

> 彼中之事，臣雖不知，然境內之事則知之詳矣，⋯⋯此年諸道水旱民貧，而國家兵弱財匱，大小之臣，又皆誕謾不足倚仗，正使彼中可圖。臣懼我之未足以圖彼也。⋯⋯為今計之。但當下哀痛之詔。明復仇之義。顯絕金人。不與通使。然後修德立政。用賢養民。選將帥。練甲兵。通內修外攘進戰退守為一事。又且必治其實。而不為虛文。使必勝之形。隱在目前。則雖三尺童子。亦且奮躍而爭先矣。〔註60〕

是以朱熹乃深服其教風，言其教人「必使之先有以察乎義利之間，而後明理居敬，以造其極」，又言「學莫先於義理之辨，而義也者，本心之所當為而不能自己，非有所為而為之者也。」此一理念，實已批導了嶽麓書院在事統理念上的一大關目，無怪乎黃宗羲盛贊其學旨「學問愈高，所見卓然，議論出人表，近讀其語，不覺胸中灑然，誠可嘆服！」

張栻以來所開啟的書院教育視野，〔註61〕即有助於學者在天人關係、古今關係、中外關係，本富末富關係等一系列議題上的全幅朗現。在價值取向上，而有「從敬天到順人、從法古到通今、從重農抑商到本末並重、從拒夷到為拒夷而師夷的觀念變法」，這一轉折的歷程，顯然已不只是具體理分的完成問題，而是積極地以創造新局的規模，作為教育實踐的宗旨；清代的嶽麓

〔註59〕《嶽麓書院紀念集》，第 7 頁。
〔註60〕《宋元・南軒學案》，第 923 頁。
〔註61〕張栻，字敬夫，一字欽夫，又字樂齋，號南軒，綿竹（今四川廣漢）人，僑居衡陽。丞相張浚之子。以蔭補承務郎，除直秘閣，丁父憂。服闋，歷任知嚴州、吏部侍郎、知袁州、知靜江府、知江陵府等，後以右文殿修撰提舉武夷山沖佑觀。卒後，嘉定間諡「宣」。他早年曾從胡宏問學於碧泉書院，後講學於城南書院與嶽麓書院，係湖湘學派的重要代表人物。著作有《論語解》、《孟子說》、《南軒集》等，樊克政《中國書院史》，台灣文津出版社，1995年，第 68、69 頁。

學風，正是以此為歸趨。

　　由嶽麓書院師生所開展的事統之學的宏規，大體可以如下的層面作為「以世為體」的成果：

■ 經世之學的探討──由賀長齡、魏源主編的《皇朝經世文編》為代表，兼及了魏源以及譚嗣同等人的經世作品，以及改革與變法的運動。

■ 時務表現方面──

　△ 陶澍、賀長齡等擔任封疆一吏，整頓漕、鹽、海運等卓有政績。

　△ 王文清、王先謙、賀熙齡等人改革書院與教育體制，並以嶽麓為中心，協助創辦了湘水校經堂、時務學堂、南學會，而譚嗣同亦創辦算學館，范源濂在民國初年三任教育總長，有助於前後承續，推動世界觀與新學的開啟以及近代文化教育的發展。

　△ 左宗棠、賀長齡等人致力推動書院教育的創辦及推廣，擴及邊陲之地。

　△ 曾國藩、左宗棠等人舉辦洋務、造船炮、興學堂、派遣留學生等具體時務的貢獻及影響，促進了中國在近代化歷程中的基礎與動力。

■ 事功表現方面──

　△ 由曾國藩、左宗棠、胡林翼、郭嵩燾、劉長佑、李元度等人所成就的「中興將相」，在太平天國平亂與外交形勢上的洞燭先機，皆為清代事功上的典範。

　△ 近代「湖南新政」的開風氣之先，亦由嶽麓諸生「明習時務」的精神而來，因此譚嗣同、唐才常、沈藎、楊昌濟、蔡和森等人所鼓吹的運動及革命，實已奠定了近代湖湘文化的前景與豐碑。

此一發展大勢，誠是「湖湘之學」下迄近代「湖湘文化」波瀾壯闊的風潮，學理與事功不僅與世推移，更是人才輩出，師生群賢畢集，不讓前賢。因此清代嶽麓書院的成就，置諸中國書院史上，不僅一掃有清一代書院發展在考證之學、古文之學或者科舉的壟斷之外，另闢谿徑；甚且其學相較於宋明以來的書院格局，在「事統」一義上的建樹，更是當之無愧。申論儒家內聖外

王之學的慧命常規時，更不能忽略了此一「千年學府」，如何在文化人格的陶鑄上的貢獻，此一事統脈絡，以前述的三大層面，具體分析如下：

1. 經世之學的探討

張栻在南宋期間作《嶽麓書院記》時，即以「傳道以濟斯民」的理念，作為嶽麓書院學統精神的開端，在師生之間成為身體力行的目標，如南宋嶽麓諸生之吳獵、陳琦、宋文仲、游九言等人，在經濟之學上的特出及事功，在全祖望編定《宋元學案》時，得到定評。另外在力抗金人的立場上，也呼應著張栻所確立的風節，反對「和戰之念染於胸中」，因此宋元之際的嶽麓諸生，在力抗異族的史績風節，也實為經世理想上的實踐。〔註62〕

清代的嶽麓學風，以「明習時務」為依歸，故有「咸豐同治之際，中興將相，什九湖湘。聞嶽麓書院山長某公，自道光建元，即以氣節、經濟、文章立教，奇傑之士咸出門牆。」〔註63〕如山長王文清「主嶽麓書院，門下士成就者四百餘人」。其後羅典主院二十七年「教學者以堅定德性，明習時務，門下發名成業者數百人」，而道光年間山長歐陽厚均和城南書院山長賀熙齡，以及湖南巡撫吳榮光，在嶽麓內創辦「湘水校經堂」時，更以「經義」、「治事」、「詞章」分科取士，即以通經史識時務為有用之才。其後更結合時局需要，不斷改良其中的教學，規制以及教法，以期與世為體，之後山長成孺，更直接以「經濟之學」為理念，闡述此一信念：

> 從學之士有志於經濟之學，必先寢饋于四書、六經、探治平之本，
> 然後遍讀經世之書，以研究乎農桑、錢市、倉儲、漕運、鹽課、榷
> 酤、水利、屯墾、兵法、馬政之屬，以征諸實用，庶乎其句已。

〔註64〕

一直到最後一任山長王先謙主教的時期，以經世致用作為辦學大旨的主軸依然相貫。不僅一方面因應世務之變遷，而以培育通識實學的棟樑之才自任，在嶽麓既有的歷史傳統之上，仍試圖改良書院教育的基本格局。改革的重點主要在於課程、考課制、行政編制，以及教育宗旨的世界觀。將傳統國學的課程，再分屬於「經」「史」「掌故」「算」「譯」五門，前三者由院長親自督課，算學別立齋長、譯學延請教習。而考課中的「官課」和「師課」兩式，

〔註62〕《嶽麓書院紀念集》，第 13 頁。
〔註63〕同上，第 10 頁。
〔註64〕同上，第 29 頁。

也逐漸改革，不用時文而課以實學，院長之外，另置各科學長，以司前述的專業教育。進而在藏書方面增藏了《數學理》、《電學》、《聲學》、《航海要略》等一百多種「西書」，幾乎囊括了國內當時翻譯出版的西學知識書籍。另一方面「湘水校經堂」其後獨立出來，日后並成為「校經書院」，王先謙亦支持及肯定辦學理念；王氏本人亦熱衷於同時籌辦的時務學堂、南學會，並結合鄉紳的力量，促成近代湖湘文化的啟蒙及時務。這些經驗也大多能鼓舞學生，勉力於經世之學的宏規及視野，自成一家之言與獨當一面。

在嶽麓書院事統精神的探索上，由賀長齡與魏源〔註65〕共同主編的《皇朝經世文編》，可謂是經世之學的典範之作。該編的理想不僅體現了湖湘之學的識見與學養，更說明了嶽麓書生在具體時務上的黯熟及才幹，因此不再只是侈言儒學經世的標目，而是面對變動不一的世局中，有其深切的悱憤憂患之情，以及具體可行的主張。是書乃結合了賀長齡與魏源兩人在官宦閱歷中的心得，以及由賀氏所擔任江蘇布政使司衙門中的人力、財力、物力上的資源。特別是豐富的官方文件以及私家著述，作為兩人在總結有清以來，重大的經世視野，以及中國經世傳統的經驗，更重要的，是作為日後在具體實務上的實踐意義。

魏氏在《文編敘》中慨言經世原理中「事／心」、「人／法」、「古／今」、「物／我」之間的依存關係，而亟於吶喊其經世大綱：

> 人積人之謂治，治相壇成今古，有洿隆、有敝更之謂器與道。君、公、卿、士、庶人推本今世、前世道器之洿隆所由然，以自治外治，知從違、知參伍變化之謂學。學為師長，學為臣，學為士庶者也。

〔註65〕魏源，原名遠達，字默深，又字漢士，邵陽人。早年肄業嶽麓書院。中舉人後，入貲為內閣中書。道光進士。發江蘇以知州用，權東臺、興化縣事，授高郵知州。初好王守仁心學，後從劉逢祿學習《公羊春秋》，提倡經世致用，與龔自珍並稱「龔魏」。曾代江布政使賀長齡（1784～1848）編輯《皇朝經世文編》，又為兩江總督陶澍等籌議漕運、鹽，主張改革，要求整飭腐敗吏治。鴉片戰爭中，入兩江總都裕謙（約1795～1841）幕，參與浙江抗英鬥爭，並發憤著《聖武記》。後又秉林則徐之囑，依據《四洲志》等文獻資料，編成《海國圖志》。主張了解外國情事，提出「師夷長技以制夷」，建議學習西方製造戰艦、火器與養兵、練兵之法，以抵抗外來侵略。主張允許商民開採銀礦開設廠局以造船械。哲學上，強調「知」源於「行」批評宋儒專言「三代」，認為變古愈盡，便民愈甚。暮年沈緬佛學。著作還有《詩古微》、《書古微》、《元史新編》、《古代堂集》等，樊克政《中國書院史》，台灣文津出版社，1995年，第280頁。

　　格其心、身、家、國、天下之物，知奚以正，奚以脩，奚以齊且治
　　平者也。〔註66〕

因此與其高標三代之美，不如究心於世務、義理與治道不僅務求連貫，更重整體，尤其是客觀制度面的損益因革，其原委與歸宿，更須如實地把握，方能以有用之才開物成務。誠其所謂，「蓋土生禾，禾出米，米成飯，而耕穫舂炊，宜各致其功，不可謂土能成飯也。脈知病，病立方，方需藥，而虛實補瀉，宜各通其變，不得謂一句類推也。必有真儒，徵斯實用，狂簡不敏，敬有俟焉。」此一立言，也一貫於書院教育中，善於「拔本塞源」的特點。魏氏於新起的春秋公羊之學，不僅於春秋三世之說有其識見，更與賀氏合作編輯《皇朝經世文編》，乃囊括了清順治以來至道光初年間名官、文人、學者以及會典、通志中攸關政治、教育、刑律、邊防、錢糧、賦役、工程等方面的奏章、函牘、記述和議論，全書分為學術、治體、吏治、戶政、禮政、兵政、刑政、工政等十二大項、一百二十卷；收文二千零十四篇段，作者五百四十餘人。就事統精神的原理而言，其體例完足，而以「學術」與「治體」為綱領，更可依其《文編五例》中的宗旨，作為經世之學在張本上的五大原則：〔註67〕

　　（1）審取上：高之過於深微、卑之溺糟粕者、古而不宜、或汎而罕切者，凡於勝國為藥石，而今日為筌蹄者，皆勿取也。

　　（2）廣存上：有利必有害，論相反者或適相成，見智亦見仁，道同歸者無妨殊轍。主擯互形、偏歧難定，惟集思而廣益，庶執兩以用中，則取善之宜廣也。

　　（3）條理上：于分疆畫界之中，有會同觸類之旨，或異而同者，或同而異者，切磋互發，物其多矣，方以聚之，左有右宜。

　　（4）編校上：此為行世之書，吾取經世之益，庶文資乎救時，復例絕失標榜。不節冗，將以無文妨行遠也，不去偏，將以小疵廢大醇也。至于句讀以省瀏覽、圈識以明章段。

　　（5）未刻上：創編之始，蓄願良奢，尚有會典提綱廿卷以稽其制，《皇輿圖表》廿卷以測其地，《職官因革》廿卷以詳其官，更輯《明代經世》一編以翼其旨，庶幾自葉流根，循源達澥，質

〔註66〕《魏源集》，鼎文書局，第157頁。
〔註67〕同上，第160頁。

> 之往古如貫串，措之當世若指掌。欲脫全稿，尚待他時，先出
> 是編，以質同志。

這樣的理念，實已不復囿於「道德形上學」的視野，而以看重實學、注重調查研究，以及針對興利除弊方法的檢討，作為認識上和方法論方面的積極轉向。但在道德的理想主義上，仍是慨然「以天下為己任」的儒者襟懷，作為濟世之用，尤其在於是編既成，「數十年來，風行海內，凡講求經濟者，無不奉此書為矩矱，幾於家有其書」（俞樾《皇朝經世文編》序），且在同類書籍的影響更是深遠，實已蔚啟近世經世之學的義理規模。

　　賀、魏二人的成果，不僅是事統理念的勾劃，更是具顯於時務上的影響：

> 至道光時，則時事之接觸，切身之患，不得不言有三端：曰鹽、曰
> 河、曰漕，議論四起，當時亦竟有彙而刻之以傳世者，賀長齡之《經
> 世文編》是也……鹽、漕、河三事，能文績學之士皆有論述，而當
> 事之臣采用之，朝廷聽納之，頗有改革。〔註68〕

尤其是嶽麓書生群體，在此一事統精神上的身體力行中，最為卓絕。有清之大政如漕運、鹽法、河工、兵餉等，在陶澍、魏源、賀長齡等人的前後襄助之下，不僅有推波助瀾之勢，更有相當成效的果驗。如陶澍董理兩江總督，兼管鹽政，又與賀長齡力闢海運之商政，以及在河運、洋錢之主張上，皆有建樹及洞見。魏源先后並有《籌鹾篇》、《籌漕篇》、《籌河篇》等經世之作，並助賀長齡編定《海運全案》等，可視為《經世文編》的延申與實踐。在經世之學的探索上，魏氏更以其鍥而不捨的心念，結合時勢的所感及所繫，並以《聖武記》作為本朝掌故之學，以及《海國圖志》作為宏觀世界，封疆禦侮的偉構，且於元史之學以及今文學的探索上，益見其雄心壯志。尤其是他在林則徐翻譯的《四州志》的基礎上，進一步編定了以「師夷之長技以制夷」的《海國圖志》，影響近代至鉅。其理念乃先以人心、人才為國本，即「欲平海上之倭患，先平人心之積患」為內治之先聲，並以實才、實見，結合西學之長，以收時務之功，尤其總該我國輿地之學的基礎：

> 談西洋輿地者，始於明萬曆中泰西人利馬竇之坤輿圖說、艾儒略之
> 職方外記，初入中國，人多謂之鄒衍談天。及國朝而粵東互市大開，

〔註68〕《中國十九世紀思想史》，而《皇朝經世文編》一書，則收於近代中國史料叢刊（731），沈雲龍主編，文海出版社印行，第73頁。

華、梵通譯，多以漢字刊成圖說。其在京師欽天監供職者，則有南懷仁、蔣友仁之地球全圖；在粵東譯出者，則有鈔本之四洲志、外國史略，刊本之萬國圖書集、平安通書、每月統計傳，燦若星羅，瞭如指掌，始知不披海圖海志，不知宇宙之大，南北極上下之渾圓也。〔註69〕

繼而兼收西學之新見：

惟是諸志多出洋商，或詳於島岸土產之繁，埠市貨船之數，天時寒暑之節；而各國沿革之始末，建置之永促，能以各國史書誌富媼山川，縱橫九萬里，上下數千年者，惜乎未之聞焉。近惟得布路國人馬吉士之地理備考，與美里哥國人高理文之合省國志，皆以彼國文人，留心丘、索，綱舉目張，而地理備考之歐羅巴洲總記上下篇，尤為雄偉，直可擴萬古之心胸。至墨利加北洲之以部落代君長，其章程可垂奕世而無弊，以及南洲字露國之金銀，富甲田海，皆曠代所未聞。既彙成百卷，故提其總要於前，俾觀者得其綱而後詳其目，庶不致以卷帙之繁，望洋生歎焉。〔註70〕

因此是書，乃一改以本土人談西洋之認知，而代以世界觀之視域，而明機察變，在政策上又有「守禦」、「攻敵」、「款夷」等主張：

其書原本五十卷，最後擴為百卷。卷一卷二為籌海篇，縱論應敵之策者也。其中所陳守禦之策，則有官兵腐敗不堪用，練民團水勇以禦敵等事。攻敵之策，則有調夷之仇國以攻夷，師夷之長技以制夷，並主張造輪船，鑄大炮。其款夷之策則有聽各國互市以款夷，持鴉片初約以通商等事。〔註71〕

並兼及圖表，以及各國分述、國地總論、籌海總論、夷情備采等，實集當時關於新學之大成，可謂是當時新學之百科全書，無怪乎韋政通評其為十九世紀以來，「中國第一個現代人」。以魏源為中心的經世之學的探討，所可貴者，在於這些書生皆以親身的閱歷，自成事統經緯，而於同事或「朋友之倫」，相輔成事，實已充分體現東林書院志業上的理想，因此事統不致淪為高蹈或標謗的話頭，而能深入於時局之變遷。魏源固是「兀傲有大略，熟於朝

〔註69〕《魏源集》，第854頁。
〔註70〕同上，第855頁。
〔註71〕《晚清思想》，時報出版，第220～221頁。

章國政,論古今成敗利痾,學術流別,馳騁往復,四座皆屈。」(清史稿列傳)
而於實務上,卻是不容馬虎或任性而為,其治壩、築堤、鹽政、用兵等方
面的具體作為,皆相應於他在經世之學上的深思熟慮,不為虛文,方為諸公
倚重:

> 善化賀耦庚制軍長齡,為江蘇布政使,延輯皇朝經世文編,遂留意
> 經濟之學。時巡撫為陶文毅公澍,亦以文章經濟相莫逆,凡海運水
> 利諸大政,咸與籌議。陶文毅督兩江,以兩淮鹽法凋弊,思更張。
> 府君謂救弊先急,議改淮北試行票鹽、裁浮費、減鹽價,以輕商本。
> 於是官鹽價減於私販,梟化為良,引銷課裕,每年溢額數十萬,藉
> 補南課之不足。至今論鹽法者,咸宗之。後兩江制府,如江夏陳公
> 鑾、侯官林公則徐、長白璧公昌、長沙李公星沅、沔陽陸公建瀛,
> 凡有漕河鹽兵等政更張,皆廷與議定而後行。〔註72〕

尚且「至於改建書院,儲卷籍、置義塚、設義學、整飭育嬰堂、卹嫠會、傳
種牛痘、興水利、培地脈,一切善政,不可枚舉。」〔註73〕此一志業,也誠
如他的詩心「憂患攢千古,天人定此身,遺經須共正,交道豈無神」(「答友
人書院讀書之約」·魏源集·七九二)中流露的經世豪情,更開啟了其后譚嗣
同、康有為、梁啟超是輩,在經世之學的具體主張及風潮。

2. 時務與事功的成就

嶽麓學風在清代的啟蒙上,不僅是以「與世為體」作為配景,更是「以
人作為自成經緯」的事統格局,此一教育哲學上的認識,誠可為儒家淑世理
想上真正開出的面向。最主要的意義乃在於說明「書院」自身所在的位址,
已然不是「孤立」而「絕緣」於世相,甚至於務求理想的客觀化與具體化,
此一經世致用的理念,在嶽麓師生之間,更可視為重大的傳承。尤其是開啟
了十九世紀的「變革」思想,此又為經世之學必須正視的一大關目,韋政通
謂此一思想的大勢:

> 十九世紀初期的經世思想,如與宋明心性之學及清代考證學相比,
> 宋明心性之學堅守儒家道德理想主義的立場,所以尊理而抑勢;清
> 代考證學以「復古」為「求真」的手段,所以尊古而抑今;十九世
> 紀初期的經世思想,和他們都不同,它反對泥古,主張重勢重今,

〔註72〕《魏源集》,第 848〜849 頁。
〔註73〕同上,第 860 頁。

強調隨時隨事變通。所以十七世紀以來的經世思想，可以說是在
「變」的意識中成長，而變革的思想則為推動其發展的一個主要動
力。雖然這些變革的思想，並未脫出「基於傳統的解答」的方式，
但已為「巨變」到來之前，提供了本土學術思想一個重要的「基
線」。〔註74〕

變革的要求與趨勢，如賀長齡力主以海運解決了長期積蔽的漕運問題，乃因
時因地因人制宜之計，昌言：「非海難人而人難海，非漕難人而人難漕，本事
堆之，萬事可知也，不難于袪百載之積患，而難于袪人心之積利，反是正之，
百廢可舉也。」這樣的自信及成果，是相垺於變革理念的見解。

在教育哲學的變革上，「湘水校經堂」的創設及發展，實可作為嶽麓書院
在事統理念上的一大實驗，不僅是作為分齋而治的措施，其堂下又分「經義」、
「治事」、「詞章」三科，實又與近代大學設院、系、專業級相近，〔註75〕該
堂自吳榮光、歐陽厚均、賀熙齡（賀長齡之弟）創辦以來，由實學取向，進
而在郭嵩燾等人的改革下，參考了嚴復所譯的歐美學堂章程，有期於諸生「總
領導乎今世之為書院學館，而后為不負此舉也。」郭氏更在《重建湘水校經
堂記》中鼓勵通經致用：「知質文升降之數，因革損益之宜，國家所以治亂興
衰」，在此一理想的學風下，人材備出，且有資於治道：

在經世致用學風的薰陶下，校經堂培養出大批人材，其中有以經學
聞名的胡元玉、胡元直兄弟；有精通時務、軍事並著有《通商志》、
《普法兵事記》的杜俞：有從事程朱之學，又究心經世之務的袁緒
欽等人。光緒十四年，學政陸寶忠于試后考優生正取四人，全出自
校經堂，陪取十二人也多是校經堂肄業生，其中有的學生還被陸寶
忠「請以教職選用」。校經堂辦學的成功，引起了各方人士的注目和
關心。〔註76〕

光緒十六年，張亨嘉更推動了「校經書院」的獨立講學，試圖純然以「經世
致用」作為嶽麓學風的客觀化成果，其措施如下：

張亨嘉發揚校經堂的傳統，提出學術必須與「古今天下治亂，中國
強弱之故」（《新建校經書院記》）結合起來。他要求學生「舉乎日所

〔註74〕《中國十九世紀思想史》，第70頁。
〔註75〕《嶽麓書院紀念集》，第8頁。
〔註76〕同上，第29～30頁。

聞于經者，抒之為方略，成之為事功，一洗二百年穿鑿恥」。(同上)
書院分經義、治事兩類，專課經史及當世之務。張亨嘉還在書院中
堂懸掛御書「通經致用」匾額，明确地提出：「務期多士沉潛向學，
博達古今，養成有體有用之才，以備他日吏于軍諮之選。」〔註77〕

這一大建樹，後續影響至大，乃關鍵著光緒二十年以後，是處作為興學、變
法的基地，並以「立學會」、「辦報」作為經世之學在傳播和變革上的手段。
自湖南學政江標與維新志士的合作之下，支持譚嗣同等變瀏陽南台學院為算
學館，並將書院規制及教學上，作了一大增益及嚐試，一新耳目。

江標尤其重視校經學院，為它建造了新書樓，添置了包括自然科學
在內的中西學書籍，「並添置了天文、輿地、測量儲儀，光化礦電試
驗各器，俾諸生子于考古之外，兼可知今」(《湘學報》光緒二十三
年四月二十一日)。他還在教學中注入了近代自然科學的內容，以經
學、史學、掌故、輿地、算學、詞章六類課程課士，並在書院內設
立輿地、算學、方言等學會，規定「算學務求淺近實用之法，輿地
須知測量繪圖之法，方言專習英文。」〔註78〕

此一事統上的理念，可簡該為：

▲經學——當求微言大義，勿為考據訓詁所困，當以通今為主義。

▲史學——以通知歷朝掌故沿革得失為主，不可徒觀治亂興亡之
學。

▲西學——閱泰西紀載各書，必通貫其政教之源流，而其變通興盛
之轍，若指諸掌。

▲實學——農桑種植以及水利礦產攬其新法，裨我政書，正被服儒
者之所有事也。

尤其是由該院主辦的《湘學報》，更是維新思想的宣傳勁旅。該報乃由嶽麓書
生唐才常〔註79〕主筆，以宣傳維新、鼓吹變法作為訴求，而校經書院學生如

〔註77〕《嶽麓書院紀念集》，第30頁。

〔註78〕同上，第31頁。

〔註79〕唐才常，字黻丞，後改名佛塵，自號洴澼子，瀏陽人。貢生出身。曾肄業嶽
麓書院、校經書院，後又考入兩湖書院肄業。《馬關條約》簽訂後，憂憤時局，
崇尚今文經學，參與變法維新運動。光緒二十三年，參加創辦瀏陽算學館與
長沙時務學堂，並任《湘學報》總撰述。次年，任《湘報》總撰述，參與創
設南學會、群萌學會。戊戌變法前夕，應譚嗣同電召，擬附召京參與機要，
行抵漢口，聞政變發生，流亡香港、新加坡、日本。光緒二十五年（1899），

易鼎、李鈞鼎、陳棠等人也加入了編輯陣容。此報風行各地，湖南巡撫陳寶箴曾札飭各州縣訂購，及分交書院閱讀。湘水校經堂的改革，也影響了其他地方的書院學風，可謂開風氣之先導。〔註80〕

在時務的參與及推動上，尤以嶽麓師生擔任中介的「時務學堂」以及「南學會」最具有發聾啟聵的號召力。中日甲午戰爭之後，帝國主義的列強掀起了瓜分中國的狂潮，有識之士莫不以人心思變的趨勢之下，「幡然改圖，廣開學校，悉師西法」，維新變法運動即為此期的思考取向，而由梁啟超、李維格所主持的湖南時務學堂，即是相應於時務與人才養成的需求，而在一八九七年成立。成立之初，即是由當時偏重西學及時勢的大臣，如湖南巡撫陳寶箴、署按察使黃遵憲等人支持，而由時任嶽麓院長的王先謙〔註81〕，以及蔣德均、熊希齡、張祖同等人促成此舉，而推薦了由梁啟超擔任中文總教習，以及李維格擔任西文總教習，開啟了維新理念以及新學實驗的里程碑。

梁啟超是輩遂將其教育理念，貫注於此一單位，同時吸收了歷來書院教法之長處，以及新學的世界觀，親自編定《時務學堂學約》，以收書院「會講」

通過與中會員畢永年（1868～1925）介紹，見孫中山（1866～1925）於橫濱。又與康有為時聲氣，擬起兵「勤王」。次年，在上海成立正氣會，旋改名自立會，組織自立軍，並召開「中國國會」於張園，任總幹事。又赴漢口，在英租界設自立軍機關，密議起義。被湖廣總督張之洞逮捕殺害。著作有《唐才常集》，樊克政《中國書院史》，台灣文津出版社，1995年，第281、282頁。

〔註80〕它和時務學堂一起，促進了湘省開明士紳變通書院章程、創辦新式學堂的運動，加速了全省書院改革的進程。不少地方書院仿校經堂而進行了教學內容的改革，如沅州府創辦了沅水校經堂，並改革課制，分經學、史學、算學、掌故學、輿地、譯學六門課程；岳州府巴陵、平江、臨湘、華容等縣士紳仿校經堂章程，改變了課程；寶慶府武岡縣士紳將鰲山、觀瀾、峽江三書院一律改課實學，課程分經義、史學、時務、掌故、輿地、兵法、算學、方言、格致八門。這些新書院的出現或課程的變革，正是受校經書院影響的結果。甚至其它省份新書院章程，如陳寶箴的《河北精舍學規》、江瀚的《東川書院章程》均受到校經書院的影響。可見湘水校經堂對教育制度的變革，為湖南近代學校的建立，提供有用的經驗和教訓。

〔註81〕王先謙（1842～1917），字益吾，號葵園，長沙人。同治進士。改庶吉士，授編修。後歷官右中允、翰林院侍讀、國子監祭酒等。出為江蘇學政，任滿，起假歸里，旋引疾不復出。主思賢講舍與城南、嶽麓書院。辛亥革命後，改名遯，遷居鄉間，閉門著書。為學承乾嘉遺風，重視注疏、考證。任江蘇學政時，曾奏設南菁書局，仿《皇清經解》例，輯刻《皇清經解續編》。著有《詩三家義集疏》、《漢書補注》、《後漢書集解》、《荀子集解》、《莊子集解》、《虛受堂文集》等，並編有《緒古文辭類纂》、《駢文類纂》等，樊克政《中國書院史》，台灣文津出版社，1995年，第266、267頁。

之果效：

> 每剛日，諸生在堂上讀書、功課畢。由教習舉目前事理或西書格致
> 淺理數條以問之，使精思以對，對既遍，教習乃將所以然之理揭示
> 之；……俟數月之后，每月以數日為同學會講之期，諸生各出其札
> 記手冊，在堂上互觀，或有所問，而互相批答，上下議論，各出心
> 得，……以教師監之。〔註82〕

另一方面於章程功課上「欲兼學堂、書院二者之長，兼學西文者為內課，用
學堂之法教之；專學中學不學西文者為外課，用書院之法行之」，以具體培養
理想的人才為鵠的。而明習時務，知其大勢所在，也和由其主持的上海《時
務報》理論和實際並行不悖。這一系列的變革，實已扭轉了書院傳統在清末
迴應世局的態度，且直接影響了嶽麓書院在教育哲學和具體措施上的方針，
如改革課程為經、史、掌故、算、譯五門，而「師課」改革，不用時文，「官
課」亦漸除八股立場，且別立齋長，延請教習等方面的作風，大體皆能深受
啟蒙。尤其是王先謙並發布了《購〈時務報〉發給諸生公關手諭》，更可以助
長此一面向時務的理想及目的：

> 士子讀書，期于致用。近日文人往往拘守帖括，罕能留意時務，……
> 查近今上海刻有《時務報》，議論精神、體裁雅飾，並隨時恭祿諭旨
> 暨奏疏、西報、尤切要著。洵足廣開見聞，啟發志意，為目前不可
> 不看之書……與城南、求忠兩院長共同商定，購送書院，俾士子得
> 以瀏覽通知。〔註83〕

唯其后兩方各有共事上的矛盾及衝突，立場遂有差異，但由梁氏力主的立志
經世，獨立思考的教育哲學，卻對其後的革命事業有其影響。〔註84〕

此一學堂立時雖僅一年，卻是國內較早的學校之一，其後雖改為《求實

〔註82〕《時務學堂學約》見於《梁啟超選集》，間引自《嶽麓書院紀念集》，第 37 頁。
〔註83〕《嶽麓書院紀念集》，第 38 頁。
〔註84〕同上，第 46 頁。所以梁啟超后來回憶說：「國中學校之嚆矢，此其一也。」（《時
務學堂札記殘卷序》）「予在時務學堂雖僅半年，所得高材生甚多。自我亡命
赴日，一班四十人中有十一人隨我俱去。后唐先生才常在漢口實行革命（指
自立軍起義），十一人中死難八人！」（梁啟超《湖南省立第一中學的講演》，
《湖南大公報》一九九二年九月一日）毛澤東主編的《湘江評論》也發表文
章寫道：「湖南之有學校，應推原戊戌春季的時務學堂。時務以短促的壽命，
卻養成了若干勇敢有為的青年。唐才常漢口一役，時務學生之死難者頗不乏
人。」並肯定時務學堂學生關心國事，「競研究所謂經世的學問」的校風（《本
會總記》，《湘江評論》第四號）。

書院》，一九〇二年又改為省城大學堂，之後更與嶽麓書院合併為今日的「湖南大學」，在中國教育史上，可視為事統精神的一大里程。再者，光緒二十四年的「南學會」，也是事統理念的一大分支，積極地凝聚了一時有志時務及悱憤憂患的書生，該會的精神乃一獨立自主的經世學風。而該會的規模更是由於嶽麓師生王先謙、譚嗣同、唐才常等人戮力以赴，會友達千餘人，由譚、唐二人，以及書院家皮錫瑞〔註85〕出任會長，譚主講天文、黃遵憲主政教、皮主講學術、鄒代鈞主講輿地，議定每月宣講一次，其議論之風發，時蔽之針砭，率皆領袖一時，如皮錫瑞慨言：

> 與政術相通，期于切實有用。講漢學者，過於瑣細無用；講宋學者，
> 失于空虛，亦無用。今當務其選者，不能不馳域外之觀，急宜講求
> 古今事變、中外形勢，方為有體有用之學。〔註86〕

甚能說明此會的立場以及救亡圖存之道，因此湖南一地在清末時期即能以書院、學堂、辦報、學會等機構，以及鄉紳熱心奔走，作為時務運動的主力，不可不謂志向遠大。而由清代嶽麓師生在時務與事功上的相輔相成，其積業更是暉映近代，如陶澍之於江南的事功及成就，賀長齡之於浙江海運的成果，尤其是曾國藩、左宗棠等人在太平天國平亂，以及洋務改革的努力，更是清代的盛事。出自湘水校經堂，以及兩湖書院的黃興，〔註87〕在其領導國民革

〔註85〕皮錫瑞（1850～1908），字鹿門，一字麓雲，因室名師伏堂，學者稱為師伏先生，善化人。光緒舉人。三應會試，均不第，乃潛心講學著書。先後主桂陽龍潭書院與南昌經訓書院，歷時七年。光緒二十四年，被聘為長沙南學會會長，主講學術。戊戌變失敗後，以參與南學會事，被革去舉人身份，交地方官管束。後歷任湖南高等學堂、師範館、中路師範、長沙府中學堂講席，又曾任長沙定王台圖書館纂修。生平以經學聞名，初宗鄭玄，後專治今文家言。能詩文。著有《經學通論》、《經學歷史》、《尚書大傳疏證》、《鄭志疏證》、《九經淺說》、《師伏堂駢文》、《師伏堂詩草》等。部分著作被人輯入《師伏堂叢書》與《皮氏八種》，樊克政《中國書院史》，台灣文津出版社，1995年，第268頁。

〔註86〕《嶽麓書院紀念集》，第181、182頁。

〔註87〕黃興，原名軫，字廑午，號杞園，號改名興，號克強，又自署競武、慶午等，善化人。十九歲後，在城南書院讀書。二十二歲，被錄取為縣學生。二十四歲，以名諸生調入湘水校經堂，繼又調入兩湖書院深造。光緒二十八年（二十八歲），從兩湖選派赴日留學，入東京宏文學院速成師範科學習，曾參與創辦《遊學編譯》與組織湖南譯編社。次年，參加拒俄義勇隊（後改稱軍國民教育會）。同年回國，從事革命活動，參與組織華興會，任會長。光緒三十年，策劃在長沙起義，事洩失敗，出走上海，因萬福華刺王之春案牽連入獄。獲釋後，又被通緝，乃避走日本。次年，在日本與孫中山等組中國同盟會，參

命的歷史意義，實將唐才常、唐嗣同是輩所未完成的志業，推進民國的嶄新里程。足堪前后並映，千年學府的人才鼎盛，於斯為尊。

（二）經世人才的養成與湖湘文化的學風

清代的嶽麓書院群星璀璨，不僅誠如前述所揭櫫的事統之學的宏規，更重要的是具體實現了東林書院，以及歷來書院家所關切的理想人才問題，亦即是文化人格的健全視觀，以及創造性的作為。在三統之學的基源性反省之下，唯有「經世致用」的理念，方能兼涉「人統」與「學統」的共同訴求。此一層面尤其考驗著書院教育哲學，是否能立足現實，以及具體實現「理分」觀的問題，這一環環相叩的脈絡，在嶽麓書院中，培養了一代又一代的英傑與文化人格典型。

以魏源為代表的嶽麓事統之學，乃積極地以世界觀的展向，作為全覽中國學統的配景所在，據以在經濟層面有所變革及措施，並以一生志業為經緯，打下了堅實的人格座標。誠如魏耆在其人事略中所記：「府君生平寡言笑，鮮嗜欲，雖嚴寒酷暑，手不釋卷，至友晤談，不過數刻，即伏案吟哦。舟中鉛黃不去手，好遊覽，遇勝則題詠，輪蹄幾遍域中。有小印曰：『州有九，涉其八，嶽有五，登其四。』紀實也。」〔註88〕履歷、事功、著作皆相垺無所虛歉，誠為顧炎武、黃宗羲是輩以來，足堪蔚啟時局的一代學人。

賀長齡不僅與陶澍等人成就了道光時期的海運事業，並以「天下為己任」的襟懷，在其編定《海運全案》、《皇朝經世文編》中見其梗概，更與其弟賀熙齡俱為積極的書院教育家。賀熙齡最具代者，在於擔任城南書院山長，以及協辦湘水校經堂，成果已見前述。而賀長齡更在仕宦生涯中，經歷

與起草章程，並任該會執行部庶務，居協理地位。自光緒三十三年始，相繼參預或指揮欽州、防城起義，鎮南關（今友誼關）起義，欽州、廉州、上思起義，雲南河口起義，廣州新軍起義與廣州起義（黃花崗之役）。武昌起義後，自香港趕赴武昌，被舉為戰時總司令，與清軍作戰。旋赴上海，先後被各省都督府代表舉為大元帥與副元帥（代行大元帥職權），均未就職。一九一二年南京臨時政府成立，任陸軍總長，後又兼參謀總長；臨時政府北遷後，任南京留守。一九一三年，孫中山發動「二次革命」，他任江蘇討袁軍總司令，失敗後，又赴日本。一九一四年，對孫中山組織中華革命黨之舉持異議，拒絕加入，但仍擁護孫中山。旋離日本赴美養病。旅美期間，曾從事反袁宣傳，後又為護國軍募款。一九一六年袁世凱死後，返抵上海，因病逝世。著述被編為《黃興集》，樊克政《中國書院史》，台灣文津出版社，1995年，第284、285頁。

〔註88〕《魏源集》，第859頁。

了晉陽、西昌、嶽麓、省城等書院之教育，更在貴州一地大興書院文教：

> 貴陌、銅仁、安順、石阡四府，普安、八塞、郎岱、桃挑四廳，黃平、普定、天柱、永從、甕安、清平、興義、普安諸州縣，皆建書院義學。

> 賀長齡在黔期間還刊刻了許多經籍，其中有他自己輯錄的《望溪先生左傳義法舉要》、《勸學纂言》，有翻刻的《詩書禮記精義》、《左傳讀本》、《日知錄》、《公谷摘抄本》等。他還襄贊編撰地方志，為《遵義府志》、《思南府志》、《清平縣志》作序。〔註89〕

並在期間設立《及幼堂》作為社會慈善專業，其心念以地僻而偏廢文教，即使是其后升任雲貴總督，在離職之際，他給后任留下書籍數箱及信札一封：

> 僕每思黔省為天下极苦之區，積貯最為要務，邊泯僻陋，貧不知學。往年檄飭所在官吏，籌穀建倉，設立義學，足下踵而行之，千萬留意！〔註90〕

一代書院家的心影，不獨以興利除弊為榮，反而以文教淑世的慧命常規為體認，其信念也同於王陽明在邊陲征戰，以立學風規，作為長久大計的事功一致，在教育理念上，可以他的《重建西昌書院記》為代表：諸士肄業其中，朝受業，晝講貫，夜服習，親師論學取友，不苟同于流俗，教者有不倦之心，學者有不怠之功，蓄道德而能文章，處則為正士，出則為名臣，吾為爾士多望矣！〔註91〕

　　嶽麓史上最為人津津樂道的「中興名臣」系列，如曾國藩〔註92〕不僅以

〔註89〕《嶽麓書院紀念集》，第 166～167 頁。

〔註90〕《耐庵奏議存稿·與黃悝齋年兄書》，卷六，第 1996 頁。

〔註91〕《耐庵奏議存稿·重建西昌書院記》，卷一，第 1669 頁。

〔註92〕曾國藩，原名子城，字伯涵，號滌生，湘鄉人。先後肄業漣濱書院與嶽麓書院。道光進士。改庶吉士，散館授檢討。陞侍講，轉侍讀，擢內閣學士，遷禮部右侍郎，歷署兵、工、刑、吏諸部侍郎。咸豐二年（1852），丁母憂回籍。辦團練於長沙，後擴編為「湘軍」，與太平軍作戰。咸豐十年，授兩江總督。同治三年，攻陷天京（今江蘇南京）。繼又被命督辦山東、河南直隸三省軍務，同捻軍作戰，因屢敗仍回兩江總督任。同治六年，授大學士。次年調任直隸總督。同治九年查辦天津教案時，對外妥協，受到輿論遣責。同年又調回兩江總督任。不久病卒。諡「文正」。係洋務派首領，曾創辦安慶內軍械所，又曾與李鴻章在上海創辦江南製造總局。哲學上，宗奉程朱理學。早年非議陸王心學，後對理學與心學之爭，取折衷調和態度。為清末理學代表人物之一。文學上，標榜桐城派，尊姚鼐為正宗，並以他為首，形成了桐城派的別

編練「湘軍」履建事功為代表，更係「洋務派」首領，創辦安慶內軍械所，與李鴻章在上海創辦江南創造總局。在學統上更被視為清末理學的代表人物，而文學上更被尊為桐城一派的「湘鄉派」鉅子。學問、事功上的成就不容置疑。而郭嵩燾在總理各國事務衙門，以及外交上的成績及體會，並主講於城南書院、思賢講舍，亦為留心教政的典型。另外在封疆禦侮上，卓有成就的左宗棠，〔註93〕不僅在平亂和收復新疆設省有功之外，並建成蘭州機器局，並任軍機大臣之外，更主講淥江書院，從政之后並在陝甘和新疆地區，創辦及興復書院達三十六所，實可視為清代書院之大家；其志業上除服陶澍、魏源以及林則徐等人的經世器宇，更遍讀《讀史方輿紀事》、《天下郡國利病書》等經世之作，在其一生事功中，留下了顯赫的佐證，他的《左文襄公全集》和曾國藩《曾文正公全集》，可視為嶽麓書生中的雙璧。除此之外，像彭玉麟興復船山書院，胡林翼創辦箴言書院，對近代湖湘之學的壯大，都寓有良好的促進作用。

　　清代後期著名的唐才常、譚嗣同，更是湖湘文化與時推進的中堅分子，瀏陽算學館、長沙時務學堂、以及《湘學報》、南學會，群萌學會等「維新運動」風潮，更加速了日後革命運動的歷史積業。尤其是出自湘水校經堂的傑出書生黃興，在中華民國的開國功勳上，地位更是不容置疑。黃興的學思經歷，更是切合著中國書院史的後期與光輝，先後於城南書院、湘水校經堂就學，後又調入兩湖書院深造，光緒二十八年並由該院選派赴日留學，入東京宏文學院速成師範習，曾參與創辦《遊學譯編》與組織湖南譯編社。之後參

支——《湘鄉派》著作有《曾文正公全集》等，樊克政《中國書院史》，台灣文津出版社，1995年，第280、281頁。

〔註93〕左宗棠（1812～1885），字季高，一字樸存，早年號湘上農人，湘陰人。年二十，讀書城南書院，入試湘水校經堂，「歲中七冠其曹」。道光舉人。三應會試，均不第。曾主講醴陵淥江書院。太平天國起義後佐巡撫張亮基、駱秉章幕，咸豐十年，以曾國藩薦，被命以四品京堂襄辦軍務。率所募「楚軍」五千赴江西、皖南，與太平軍作戰。次年授浙江巡撫。同治二年（1863）陞閩浙總督。太平天國失敗後，入閩、廣、鎮壓太平軍餘部。同治五年，奏設馬尾船政局於福州。同年授陝甘總督。次年率軍西上。先後攻滅西捻軍與西北回民起義軍，被授協辦大學士，陞大學士。光緒元年，被命以欽差大臣督辦新疆軍務，率兵討伐阿古柏，相繼收復北疆與南疆。光緒六年（1880），奏陳新疆設省。同年又建成蘭州機械織呢局。次年任軍機大臣，旋授兩江總督兼通商事務大臣。後以欽差大臣督辦福建軍務，病死於福州，諡「文襄」。著述被門人編為《左文襄公全集》，樊克政《中國書院史》，台灣文津出版社，1995年，第261、262頁。

加拒俄義勇隊（后改稱軍國民教育會），返國即成為革命運動領袖，開創中華民國的新局。〔註94〕

　　綜觀此一系列錚錚人物的履跡，無論在學養、閱歷、事功等方面的格局，不僅恢宏，且能兼攝人統、學統、事統的義蘊。高深的學問、敏銳的才思、奮發的作為，不僅遠紹張栻以來的湖湘之學，更是陳亮、葉適等事功主義者，所期待開出的諦域。相較朱熹和王陽明等書院家，純粹只能以個人事功，作為三統之學的推致而言，清代的書院教育，其師生有志一同，涵蓋乾坤，截斷眾流的氣度，實又超邁於同時代或既往的書院傳統，更在「以人為中心，以經世為全譜」的信念下，成就了近代湖湘文化、湖南新政等不朽的局面。尤其是十九世紀末、二十世紀初，湖南更被視為「小法蘭西」、「小日本」，或為「中國的斯多噶」〔註95〕的令譽，其關鍵自是取決於湖南「有志之士」的熱血及襟懷。就以迴應世局、面西潮的衝擊而言，由嶽麓諸生所代表的價值取向，以及思考能力，即能體現劃時代的旨趣，此又為事統理念的貫徹：

> 因為魏源學習西方，基本上止于練兵和製造船艦火器，他讚美了瑞士和美國的政治制度，而並未主張在中國實行。曾國藩、左宗棠學習西方，側重于軍事和民用工業，雖然辦了幾個學習西方技藝的學堂，但主旨仍在以西方之用來維持中國封建之體；譚嗣同學習西方，主要是借鑒西方的政治制度和經濟政策。而到本世紀初，這批青年終於認識到，前段所為並未根本明確「欲師人又從何處下手」的問題。他們強調全盤的改造和虛心引進，認為「中國今日當以無學為可恥，而不當以學人為可恥」。〔註96〕

是以由「湖湘之學」到「湖湘文化」的歷程，基本上更可以嶽麓書院作為主軸型的「慧命常規」，此一常規的底蘊，即可歸納為四大特點，視為理想的文化人格詮釋：

1. 重視精神的傳承與歷史的連續性

　　亦即是「人統」上見賢思齊，希聖希賢的歸趨，如王夫之的影響、以及左宗棠、胡林翼對陶澍的崇拜與繼承、譚嗣同之於王夫之、魏源的禮贊及發

〔註94〕樊克政《中國書院史》，第284頁。
〔註95〕《嶽麓書院紀念集》，第81頁。
〔註96〕同上，第95頁。

皇，皆可作為人統理想的推致。

2. 好學深思，看重哲學

由南宋的湖湘之學到近代特出於也的「三湘雋士」，莫不深信「哲學」的陶冶及探索，實為經世志業中必需的準備。因此自張栻、王夫之、魏源等人，在哲學上的「發達旁魄、羊角益上，駸駸駛入無垠之哲界矣」，而魏源之後的曾國藩、左宗棠、譚嗣同、楊昌濟等人，莫不以哲學作為經世之大法，此又為湖湘文化在「學統」上的一個重大理想層面。

3. 強烈的政治參與以及變革意識

湖湘之學的特點是在知人論世的傳統下，認為一切的學理與修身問題，率皆不能只是空談或者立象標榜，因此學術當為經世實踐的手段與訴求。就以西潮的衝擊而言，魏源即看重了世界觀的視域，以及西人在練兵、造船，和瑞士、美國的政治制度。曾國藩和左宗棠即側重軍事和工業，而譚嗣同則究心於西方的政治制度及經濟政策，繼而擴大了學人在政權轉移、民族國家以及教育改革上的發現及運動。像這樣鮮明的政治取向，在以養士為重心的學校教育，就成為了湖湘文化在近代史上風起雲湧的基地：

> 由于政治意識的強烈，湖南的學校就比社會其他團體機構更早地成了文化思想鬥爭的陣地，青年學生都熱心政事。時務學堂第一班的四十名學生中，與中國政治風雲有較大影響的就有唐才常等庚子六君子、秦力山、蔡鍔、范源濂等十幾人，而當時最先發難、反對時務學堂的賓鳳陽、楊寶霖、黃兆枚、張砥中等人，都是由王先謙掌教的嶽麓書院的學生。到了辛亥革命準備時期，禹之謨創的工業學堂，在陳天華、姚洪業公葬事件中成為主力，胡元倓辦的明德學堂及其附屬師範、小學，也是傳播新思想的重要陣地；而守舊的王先謙，因主持思賢講舍、城南書院、嶽麓書院多年，門生眾多，其中以蘇輿、葉德輝、劉佐楫、郭立山為干將。〔註97〕

4. 成就理想志業的悲壯色彩

湖南的民風及士風「卓絕敢死」的傳統，乃格外看重個人國家、社會、民族的具體理分，甚且在大我的現世關懷中，亦能前仆后繼地躬行踐履，無所猶豫。如左宗棠在收復新疆時，友人楊昌濬有詩云：「湖湘子弟滿天山」的

〔註97〕《嶽麓書院紀念集》，第 77 頁。

贊語，屆本世紀初，更有「三湘志士足跡遍天下」，且湖南「系十七省人心之希望」；而在一九〇五成立的「同盟會」中，湖湘人士即在最大多數，再者如當年的「黃埔軍校」至五期，湖南青年即佔有四分之一強，此一積極進取的價值取向，更在維新運動中英勇就義的譚嗣同、庚子之役犧牲的唐才常、沈藎、林圭、以及革命運動中為國捐軀的一長列愛國志士中，得到了印證。〔註98〕這些湖湘志士的英風偉烈，實又肇啟於嶽麓學風，在經世宏規上的教育與實踐。在中國書院歷史上，這四大層面的特點，已可作為申論理想文化人格在三統架局上的一個典範。

（三）千年學府的名山事業與教育情境

嶽麓書院以其堅韌的人格感召力量，在世相逼仄與歷史的重簷中，荷擔著古往今來的書生志業，既便是在清末內憂外患加劇的一八四〇年前后，馮桂芬還在他的《重儒官議》中慨言：「今天下惟書院稍稍有教育人才之意，而省城為最。余所見湖南之嶽麓、城南兩書院。山長體尊望重，大吏以禮賓之，諸生百許人列屋而居，書聲徹戶外，皋比之坐，問難無虛日，可謂盛矣！」

巍巍於山川物華之間的這座千年書院，不僅以「唯楚有材，於斯為盛」作為文化人格的自信所在，其兩側高懸的「納于大麓，藏之名山」的豪語，更是體現其淵源博厚的慧命常規，實為千古不磨的典型。書院立足於名山勝地，以成就其恢宏長遠的「名山事業」，這是他在既有的歷史配景中，開展而來的面向，尤其是理學教育的特點，就是將天地自然之理，與人倫社會的「三綱五常」，賦予道德的形上學意義，以及進一步地有所縐結，有所潛移默化。嶽麓書院存聯稱「通天地人之謂才」，即是以「天人合一」作為文化人格的境界歸宿。尤其是前述以書院教育，作為「三統之學」與「三重空間」的理想教育情境的申論，嶽麓書院即是相垺於此一觀點下的實證：

> 文章自然之奇秀而已矣，「兩者理相同而機亦相助」（鄭之玭《重修高州筆山書院記》）。《嶽麓舊志》更稱嶽麓山「山川奇異，與人之互相映發，嶽麓朔衡襟湘，其高華清穎之氣，備足以發聖賢玄奧，而啟翊方來。」這些說法，雖反映了封建的「風水感應」觀，但是注意人與自然的協調關係，和自然環境的心理教育作用，卻是一條值

〔註98〕《嶽麓書院紀念集》，第78～81頁。

得重視的經驗。〔註99〕

此一情境的描述，恰可藉此進一步分成如下三個層次的觀點，以進一步說明嶽麓書院的文教經世規模，如何以兼備了「自然」、「物理」、「心理」三重空間的底蘊，而以「事理」的具體影響層面，塑造了他在事統之學上如此卓越的教育成果：

1. 自然空間的選址：「重人故覓師・重地故擇勝」

嶽麓書院乃創建於北宋初年的潭州太守朱洞任內，其地位居佛道二教盛行的嶽麓山區，是處形勝景點多方，可謂是辦學養士的佳所，故有「瀟湘洙泗」之美譽。而環境之看重，即取「山林之勝」、以及「近市而不喧」的雙重特點，遂與「城南書院」成為湖南兩大重要書院。而長沙與衡山尤為湖南書院集中的地區，〔註100〕「惟楚有材，於斯為盛」誠非溢美之辭。

書院之開辦，尤其首重「人統」的立意，因此昌言道統，講明正學，推尊師道，皆是此一精神的表現。而「重地故擇勝」的理念，其用心仍是突出了「山以人重」的特點，是以書院負責人多名為「山長」，更有這樣的寓意：

> 山長這個稱呼聽起來野趣十足，正恰與書院所在的環境相對應，但據我看來，這個稱呼還包含著對朝廷級別的不在意，顯現著幽默和自在，儘管事實上山長是在道德學問、管理能力、社會背景、朝野聲望等方面都非常傑出的人物。他們只想好生管住一座書院，以及滿山的春花秋葉、夏風冬月，管住一個獨立的世界。〔註101〕

像這樣以人為中心，以人為本位的教育哲學信念，尤其是理學教育中特重「天理流行」的反省及領會，在自然空間的歸納上，當是無庸置疑的，並且在書院發展歷程中，精舍生活理念，耕獨擊壤的自得，樸實易簡的原則，以及洙泗餘韻的流風，都不能自外於天地之間，俯仰從容的機趣。在這方面，儒釋道之家是有同共的旨歸的，而嶽麓書院更是集其大成的可觀，此一自然空間的梗概是為：

> 嶽麓書院則擇山麓，利用原有香道直達書院，並連貫院後山脊，直達頂峰，形成以書院為中心的主體軸線，從而取代了麓山寺的地位。

〔註99〕《嶽麓書院紀念集》，第19頁。
〔註100〕同上，第18頁。
〔註101〕余秋雨《山居筆記》之「千年庭院」一文，爾雅出版。

> 沿著中軸線，先後建成書院牌樓、梅柳堤、詠橋、自卑亭和院後山
> 上的道中庸亭、极高明亭、道鄉台、赫曦台、禹碑亭等，在軸線之
> 外，又有翠微、風雩、吹香、愛晚諸亭和道鄉祠、屈子祠、魁星樓
> 等，錯落布置，遙相呼應，不僅增添了麓山文采，更突出了「山以
> 人重」的特點。〔註102〕

唯能在此反覆沈潛其中，則一切物理化機，乃致形上哲思的會心妙處，才能
應證學理上的發現，以及具備健全的文化視野以及宇宙觀。嶽麓書院至負盛
名的「書院八景」，更是清代山長羅典的意匠經營：

> 清代山長羅典綠化整理院旁隙地，又創闢了「書院八景」，均因地制
> 宜，就勢成景。窪處儲水栽荷，高地堆阜種竹，「取其繼增不息」；
> 岸旁插柳及木芙蓉，「取其自生」；筑圍植桃，「取其易實」；叢生紫
> 微、山躑躅，「取其發榮烊靡」。這八景名為：風荷晚香、竹林冬翠、
> 柳塘煙曉、桃塢烘霞、花墩坐月、曲澗鳴泉、碧沼觀魚、桐陰別徑。
> 嶽麓書院刊刻了師生的題詠詩集，集中詩詞多因景詠懷，移心養性
> 之作。〔註103〕

加上歷代前賢，在此勾留的人文積殿成果，以及建築與園林藝術屆此薈萃的
審美意義，無論是借境調心、或是中國文人的山水痼疾，對於教育哲學上的
互補、醞釀，以及起興，都實有其不容忽視的作用。這也是中國傳統書院在
長期遍潤慧命常規的歷程中，結合教化與美學意義上的表現，例如魏源在其
少作詩中，即有於此讀書懷想的領會：〔註104〕

> 《宿嶽麓寺》詩云：
>
> 人重登高樂，岩居總不如，及來平地望，始覺白雲巘。
> 谷僻春留久，山深月上遲，歸與童冠詠，地覺舞雩卑。
>
> 《嶽麓介景台夜作》云：
>
> 郢和豈無侶，鍾絃良費尋，領妙不須眾，例泉虛自斟。
> 微風動孤籟，淡月生遙岑，咫尺無能共，徒勞猿鳥音。

身在其中，不僅感於物色、感恩於興寄，在人文與自然互為協調的空間中，
景觀的層次與心靈的層次，是相呼應感通的：

〔註102〕《嶽麓書院紀念集》，第20頁。
〔註103〕同上，第21頁。
〔註104〕《魏源集》，第762～763頁。

> 翠微高高居臨江天馬山上，下瞰湘江、城廓，盡收麓山景物，為山前觀賞最佳之處，又是院前的最高標誌。愛晚亭位于院後青楓峽中，山楓環抱、清泉迴繞，形成谷地的構圖中心，並且，成為了書院師生的重要活動場所。風雩、吹香兩亭，分置院前左右兩池中，增強了書院的幽雅特色，開拓了師生游息之所，它們又是借用宋有舊名，雖非故地，亦增紀念之意。此外，還有持碑的北海碑亭、禹王碑亭、四箴亭、持井的汲泉亭等，錯落于書院內外，既為實用需要，也豐富了環境的藝術效果。〔註105〕

「泉潤盤繞，諸峰疊秀」的嶽麓山，大化挹微地在其自然空間中，具備了山川「蔚啟群英」之象，因此自張栻以來，諸多盤桓或長駐此間的教育家、學人、書生，率多有著歌詠斯山斯水的詩篇及文集。更重要的，是在此名山勝水中，完成了文化人格的涵詠及提撕，此又為江山之助益也。

　　2. 物理空間的規劃：「天人同構，家國同構」

　　嶽麓書院在建築與格局規劃方面，大體仍繼承了中國書院傳統的型態，因此仍合院式中軸線的原理，進行教學空間、生活空間等單元的配置，並結合了講學、藏書、祭祀等三大事業。即以講學為中心，序列齋舍，下迄明清更擴建為講堂五間，六齋百數十間之多。

　　在供祀上，也以立道統、正學統、明人統之信念，作為他在書院史上的定位所在，梗概如下：

> 嶽麓書院創建時也設有禮殿、或稱孔子堂，塑孔子、四哲及七十二賢之象。至明正德時，仿郡縣學官制度，擴建孔廟，與書院齋舍並列。這反映了嶽麓書院受了官學化的影響。此外，嶽麓書院內還設立專祠，供祠名儒多賢，反映它在學術上的師承關係和道統源流。當時，建有濂溪祠，祀周惇頤；四箴亭，祀程頤程顥，崇道祠，祀朱張。乾嘉時，經學興起，又增祀經學漢儒司馬遷等。另外，還設六君子堂等，供祀建院功臣和歷代著名山長。〔註106〕

藏書方面則有御書樓，是院內唯一的樓閣建築。這些單元在佈局上，採行了院落形式的處理，講舍、齋舍均依中軸線對稱，將主要的殿、堂、樓、閣置於線上，少則兩進，多至五進，兩側為齋舍及次要建築單元，反映了「尊卑

〔註105〕《嶽麓書院紀念集》，第22頁。
〔註106〕同上，第23～24頁。

有序，內外有別」的禮制思想。而書院周圍的園林，則因地而設，使內外的情境，皆因人為與自然的特點，相輔相成。例如多作為山長居處的「百泉軒」，即有其「書院園林」的命意。嶽麓書院非常重視周圍環境的建設，書院處于麓山「絕佳之處，有泉不一」，因之在院側諸為清池，就勢築園，名為「百泉軒」。該處與清楓峽、愛晚亭相聯系，早年為朱張聚處同游，「晝而燕坐，夜而棲宿」之處。元人吳澄在《百泉軒記》稱張栻等「酷愛是泉也，蓋非止于玩物適情而已」。這說明書院園林建設的特點，在於借自然山泉之勝，以適應修養心性的要求。〔註107〕

在「築亭」與「景點」的關係上，即如前述的「景觀層次」效果，也是迄今猶為觀光價值的所在，而院藏豐富的「碑刻」，更有文史與教育上的寓意。

> 嶽麓書院重視碑刻的保持。碑刻內容主要為書院歷史、學派人物及其教學思想和學規、箴言等，至今仍存碑刻七、八十方。據志載，在明代書樓尚有「紫陽遺跡」八方，圖文並茂，記載朱熹在潭州的事跡；清代時，書樓有「嶽麓法帖」十多方，集各名家書法。這些碑刻的藝術性高，給人以精神薰陶。此外，堂、閣、齋舍的定名、題額、配聯，都體現一定的教學思想。各齋還題有「齋銘」，以便生徒隨時察養。〔註108〕

除此之外，嶽麓書院在其他規制上的努力，也是與日俱進的，南宋以來，朱熹置有學田伍千畝，明代也有二二二二‧九畝，收租穀八八六‧二石，如此宏大的規模也是書院史上少見的。〔註109〕而在北宋期間官方推行的「大學三舍法」，在湖南施行的，即是以嶽麓、湘西書院與潭州別學由高而低轉成一體，形成「州學生月試積分高等，升入湘西書院生，又高等、升嶽麓書院生」的「潭州三學制」，也是在結合體制內改革時的重要地位。下迄清代的變革及改制，即見前史，亦可體認出「千年學府」的歷史，確乎是堅實而一貫的。尤其是在建築上的合院人文意義，以及縮結自然空間的天人關係的啟發上，都是書院所以遠較官學或孔廟等建築特出的所在，關於心理空間的充實上，饒有深長的餘韻。

〔註107〕《嶽麓書院紀念集》，第 21 頁。
〔註108〕同上，第 24～25 頁。
〔註109〕同上，第 8 頁。

3. 心理空間的感興：「哲學氛圍‧宇宙情懷」

由湖湘之學到湖湘文化的形塑，我們概言此一書院的名山事業，的確是在長期的探索與教育實踐中，勾勒出文化人格的理想典型。尤其是「希聖希賢」之心，如何能具體而可感地在書院的教學及生活中，達到潛移默化的效果，以及心靈主體與存在感受，不斷對話、表現，甚至解決的歷程。

「懷古壯士志，憂時君子心」特別是在嶽麓這樣一座觸處皆是歷史，遙想神會前賢的「千年庭院」，嚴肅的、明爽的、直截的、從容的人生命題，以及哲學思致，都有無限的可能。透過前述的自然，以及物理空間的配置，其中豐富的教育內涵，實已提供了哲學氛圍的情致，也是前文提及了湖湘文化側重哲學的傳統，所以朱子、張栻會講旳講堂，兩人晨登山觀日出的「赫曦台」景，譚嗣同、唐才常兩人並世不屈的英氣，彷彿長存於齋舍之間。朱熹為藏書樓所寫的「藏書樓上頭，讀書樓下屋」的寓意，在在都有其中的審顧與人間觀照。歷代師生在此寫下的詩文，更能體現心理空間上的感興與宇宙情懷，如明代山長蔡上寬有《志游詩集》，清代山長王祚隆有《嶽麓詩草》《長沙吟》、王文清有《鋤經余草》、易宗裙有《半霞樓詩文集》、張九鎰有《退谷詩抄》、曠敏本有《刪余詩草》，多有以山為家、以院為志的詩心及教召。而道光十年由山長歐陽厚均策劃編定的《嶽麓詩文鈔》問世，更總集了歷代相關於此名山事業的詩詞與文賦的成果，不僅兼及了抒情寫景的佳作，亦有希聖希聖的懷人之作，更有深含理學思想，以及歌頌書院生活及學思方面的存在感受，即可視為嶽麓文教，在潛移默化中的成果。〔註110〕

例如祁曜征的《嶽麓讀書詩同閩中羅孝廉六首》所記：

> 汲水不及泉，泉深汲綆短。
> 為學不務成，氣盈學力緩。
> 太禹古聖人，惜陰以自勉。
> 念此常喟然，閉戶恣搜覽。
> 挹彼洞庭波，助我湘妃管。
> 披襟歷晦明，高吟無昏旦。
> 人生能幾何，踟躕意淒惋。
> 讀殘一卷書，目送歸雲晚。〔註111〕

〔註110〕《嶽麓書院紀念集》，第 49 頁。
〔註111〕同上，第 51 頁。

即寫讀書之苦心與感概，又如吳榮光的《留別岳城書院士子》，以寄書院家匡
正人世的心影：

> 冰壺慚愧說清高，半載旬宣即建旄。
>
> 除惡敢云粮莠盡，掃氛重記鼓鼙勞。
>
> 豈能要結千人譽，只念艱難百姓膏。
>
> 乙歲蘊隆辛歲潦，至今夢魂尚惊號。〔註112〕

長期在此深受師友陶冶，性情浸潤，則不難理解何以士林推重的湖湘人物，
如此兼具多方面的才華與韌性。尤其是以理想的「文化人格」主體，立足於
體制內外的思考，並能多元地結合了一切可供實踐的反思，卻又不失學術自
由、經濟獨立的書院理想。誠然是由嶽麓書院的事統性格，具體鋪陳文化人
格的可能，偉哉嶽麓，在這一特點上足堪典範，並將`啟引新局──

第二節　「事統」教育哲學的主要表現特點

　　中國書院教育乃興起於宋代的儒學復興運動，無論是作為儒學自身基源
問題的反省，或者是相較於佛、道二家的抗衡意義，在歷史的人文積澱之
下，儼然已具備切實可行的經世主張。尤其是以「講學」作為思想運動的基
調，在事統理念的視野下，東林與嶽麓書院代表的典範，正是書院在探索與
實踐歷程中，致力於「經世致用」理境的開拓，此一成果，業已成就儒學淑
世的慧命常規。

　　這一套淵源流長的人文規劃，在事統教育的表現特點上，即是體現在書
院史上，行之有年的講會制度、學田制度、鄉約制度，並結合了書院在建築
與園林、自然環境選址安排上的意匠經營，型塑了理想的「學區」設計。影
響所及的層面，自然而然蔚為許多學派的基地，以及學風教化深入民間的成
果。另一方面訴諸政治、經濟改革，以及在經世學理上的探討，既見於前
文，此節將探討角度集中在講會制度、學區規劃，以及建築表現的三個層
面。當然在事統的引申義上，這三個層面是不夠完備的，然則唯有這三大環
節的闡明，才能相貫於其他方面的書院主張，前述關涉於書院事功、時務上
的建樹，實有賴此三大單元的設計基礎。

〔註112〕《嶽麓書院紀念集》，第55頁。

一、講會制度的社會化傳播結構

　　書院教育中，迄今仍被視為風行最廣、影響至深的，當以「講會」制度最為可貴，也是書院在事統理念上，如何界定「經世致用」的問題上，相當具體的一大環節。我們在前述提及書院家每每以「講學」，作為思想運動的基調，而事實上此謂「講學」，實乃包含了南宋和明代以來的三種類型，其一為學術「傳授式」的講學，作為內向上師生進行學問傳習的方式。其二為「會講式」的講學，作為學術團體之間的專題會議，或者是書院中較為嚴格而重啟發的教學訓練方式，如黃宗羲之於甬上證人書院的教法。其三為宣傳教化的「講會式」的講學，這是面向全社會的普及教育，也是學派之間彼此推廣的一個主要型態。

　　事實上這三種類型，是彼此互為支援及影響的，尤其是「會講」其后多半立為院內必備的一種課程訓練，而「會講」與「講會」之間的分別，也多互相關涉或沿用成習，是以在書院研究上有不少爭議。但可提供較為清楚的界定，當以李才棟所定義的為參考：〔註113〕

　　　▲「會講」係學術聚會、學術討論。有「會同講學」之義。
　　　▲「講會」係學術組織、學術團體。故有「聯講會」之風氣。
後者有較嚴格的組織及制度，較重規範性，故為「事統」表現之體現；前者較重學理探索，列為「學統」表現一節，但事實上這兩者的發展，是有前後呼應及繼承關係的，尤其是在申論三統之學的理論層面，就不能不正視「希聖希賢」的目標，是如何透過「究元決疑」的探索，進而能如實地在「經世致用」的目的中，產生規範現實以及影響現實的作用。也就是說書院中的「內向傳習」活動，如何更進一步地在「外向傳播」網路中，達到模塑理想文化人格的教化理想。

　　在此一脈絡下，肇端於南宋乾道三年的「嶽麓之會」（亦稱「朱·張會講」），下迄「鵝湖之會」和「白鹿洞之會」，不僅是作為學統上「會講」理念的開啟，事實上也是書院史上「講會」之風的濫觴。因為會講中所爭議及探究的問題，如朱子、張栻之論「中和」的修養論，鵝湖上朱子和陸氏兄弟論為學與思考方法及目的，以及白鹿洞書院中，陸象山暢談的「義利之辨」。這些儒家思想上的幾大關目，事實上也是嗣後講會中，不斷持續探討與創發的問題；只是在沿革上，逐漸增益了思想客觀化的制度層面。乃有規範型態，

〔註113〕李才棟《白鹿洞書院史略》，教育科學出版社，第 242 頁。

以及傳播影響的社會面性格，亦即是次第完成由「儒學——儒教」此一慧命常規的總體設計。

南宋自呂祖謙之弟呂祖儉，參與楊簡等人的「四明講會」以來，到了明代的湛甘泉、王陽明的大興講會之風。四方學者，百姓輻輳「聯講會‧立書院」，講學之風盛極一時，到了明末清初的東林、紫陽、還古和姚江等書院，一直保持此一精神，並形成了一套完備的講會制度，猶如今日學術團體的章程、組織、宗旨、規約、以及儀式內涵兼具的主要型態。顯見後世書院的講會，實已涵蓋了會講，允為事統理念上最為首出的特點。

此類講會，率為書院家在人文化成傳統上的自覺表現，自從王陽明以「破山中之賊易，破心中之賊難」的感觸，大興書院文教以來，並以其「惜陰說」作為講會教育中「同志」精神的理據。而後鄒守益更在此一講會理念下，以〈惜陰申約說〉更進一義形成規範，務求陽明的良知心學宏旨，期許能在我輩同志之間「或七、八年，或逾十年，或三十年矣，三十年則一世矣，十年則天道一變矣！」這樣的發願及信持，於是篤志彌艱，以此形成一社會教化的無形網路。尤其是透過各地講會行之有年的聯講會之風，除了既有的書院之外，還有像「會館」式的具體規模，作為大會有志之士的據點。

尚且此番講學的理想，並不囿於某所書院，只要是有志一同，則佛、道所在的寺觀，也可以立為講會之用，如明代京師的靈濟宮、武夷山沖玄觀、南昌的滕王閣、杏花樓、龍先寺等，皆為書院家究心學統推廣的地方，〔註114〕透過講會制度的設計，乃是儒家的人文傳統與人民具體生活相連，進而導正人心的社會實踐，形成一套「具有社會結構，也具有歷史縱深的一套生活方式，族群成員大體共同遵循，因而含有社群共同生活的秩序規範。」〔註115〕並且進一步建立中國文化社會與歷史的「慧命常規主體」。

書院講會制度的意涵，大體而言，即是實際的以一套經世的信念，作為社會上傳播結構的型態，此一結構的關係如下：〔註116〕

〔註114〕李才棟《白鹿洞書院史略》，教育科學出版社，第246頁。
〔註115〕潘朝陽「書院：儒教在地方的傳播形式」一文，第28頁。
〔註116〕《無形的網路》，第184頁。

（共存關係→以人倫理分為基礎的同志之會）

```
                    ┌──────────┐
                ┌──→│   情境   │←──┐
                │   └──────────┘   │
                │                  │
   ┌──────┐     │      傳達        │   ┌──────┐
   │ 傳者 │─────┼──────────────────┼──→│ 受者 │
   └──────┘←────┼──────────────────┼───└──────┘
                │      回饋        │
                │                  │
                │   ┌──────────┐   │
                └──→│   媒介   │←──┘
                    └──────────┘
```

（共享關係→以文化經典作為講義或共同論題）

　　此一傳播結構，乃不同於強調「政教合一」的體制式官學型態，因此「傳者」和「受者」，是互為主體的關係，兩者共存的情境，皆是以「倫常關係」和「具體理分」的踐履作為感觸所在。並且以「文化經典」（如四書五經）作為「媒介」（而非工具性的制約），是一共享的關係，亦即不墨守字義訓詁或權威主導的制約。因此在傳者與受者之間，享有「傳達」和「回饋」的互動性，此乃因為「情境共存、媒介共享」的關係，所以一切的講論和探討，乃以具體理分的檢討，作為彼此關切所在。「受者」的對象，也沒有階級的限制，甚且傳者尚須重視受者的根器、才具予以多元的點撥、啟發和批導。這個特點，即可以許多講會中的《會約》、《會語》中，多言「商量」、「商語」、「提撕」、「警語」，作為叮嚀所在。尤其特出五倫中「朋友」之義，或「眾學之善」的「同志之會」，深具砥勵作用，更是仰賴依此一模式進行開展。故有謂「一堂之上，就有三代氣象！」、「若夫豪傑之士，雖無文王猶興」之氛圍。

　　此一「傳達」與「回饋」的意向表現，誠是講會之風賴以數十百年，行之不懈的魅力所在。有「王門二溪」令譽的王龍溪和羅近溪，即是明代中期以來盛行講會流風的代表，事實上他們在哲學上的許多觀點及建樹，也是因講會制度而有所蹈勵奮發，印證宋明理學深入民心的指標。

　　例如王龍溪之學，最懇切的用意，即是希望前來集會的學人，明心見性「譬之操舟中流，自在原是舟之活體，善操者得此柁柄入手游移前，卻隨波上下，順逆縱橫，自無所礙，若執定柁柄不能前，卻舟便不活，出入無時莫知其鄉，正指活潑之體神用無方，以示操心之的，非以入為存出為亡也。」（華陽明倫堂會語），不為諸境所礙，則能自立歸向，處處天理流行。甚且闡明講學乃不得已之志業，實為因人之病習所在，必有金針度人之心，轉化為講會上處處近乎人情，施行與樂拔苦的教風所在：

> 吾人今日講學，未免說話太多，亦是不得已。只因吾人許多習聞舊
> 見纏繞，只得與剖析分疏，譬諸樹木被藤蔓牽纏，若非剪截解脫，
> 本根生意終不條達，但恐吾人又在言語上承接過去，翻滋見解為病
> 更甚，須知默成而信，孔門惟顏子惟善學，吾人既要學顏子，須識
> 病痛斬除得淨，不然只是騰口說，與本根生意原無交涉也。〔註117〕

這樣的開導，皆以正視生活上的習氣、私心與成見為病根，期於「日用貨色」
上「料理經綸」。所以講會在當時的深入民心，實不遜於佛教的俗講化力，例
如王龍溪的講會，以書院為中心者如《聞講書院會語》、《懷玉書院會語》、《穎
賓書院會紀》、《新安斗山書院會語》等。各地講會為推廣學風者，更不計其
數，如《撫川擬峴台會語》、《山西會約題詞》、《水西精舍會語》、《滁陽會語》、
《竹堂會語》、《桐川會約》等。另外更審訂當時若干講會中盛行的「會籍」
制度，並予以開示，如〈水西同志會籍〉、〈書進修會籍〉、〈建初山房會籍申
約〉、〈福田山房會籍〉等，可見當時學人生活上的精神重心，〔註118〕此一描
寫如新安的福田山房「晝則大會於堂，夜則聯鋪會宿閣上，各以所見所款相
與質問酬答，顯證默悟，頗盡交修之益，諸生溫溫然有所興起，可謂一時之
盛矣，凡十餘日。而會解臨別諸友，相與執簡，乞言申飭將來，以為身心行
實之助。」〔註119〕

又如婺源同志之會，乃齊聚於普濟山房，凡數十人，「同志互相參伍，亦
頗有證悟」，尤其是處乃昔日朱子學之風行所在，王門後人在此立會，總不免
侈言朱、王兩家的異同問題，龍溪在此遂裁示一「千聖同堂」的講會理想：

> 夫道，天下之公道，學、天下之公學公言之而已。今日之論，不能
> 免於異同者，乃其入門下手之稍殊，至於此志之必為聖人則固未
> 嘗有異也。蓋非同異不足以盡其變，非析異以歸於同則無以會其
> 全。道固如是學固如是也。使千聖同堂而坐，其言論風旨亦不能
> 以盡合，譬之五味相濟，各適其宜，而止若以水濟水，孰從而和之
> 哉。〔註120〕

唯能如此，則前賢的文化經典，才能作為讀者「開放性分享」與對話的媒介，
此一「傳達」與「回饋」的意向表現，而非隸屬於單一意志或門戶之下的「工

〔註117〕《王龍溪語錄》卷一，第3頁。
〔註118〕詳見《王龍溪語錄》一書所收諸文。
〔註119〕《王龍溪語錄》，卷二。
〔註120〕《王龍溪語錄》，卷二，第9頁。

具性制約」。而講會中的傳者和受教者，才能達到情境共存、媒介共享的效果，例如〈書進修會籍〉中，即提到當時齊家式的講會，即以此「進修會」以聚一族之人，此又為講明人倫之教，已深入民間群體的成果：

> 乃作見一堂於雲莊之麓，謀於父兄子姪，倡為進修會，以會一族之人。相與考德而問業以興敦睦之化，承先志也。……，二子既從予遊復邀入雲莊集其會，中長幼若干人，肅於堂下，而聽教焉。舉族興義好禮顯顯若是，可謂盛矣，二子因出會籍乞予申訂。〔註 121〕

尤其是在其《蓬萊會籍申約》一文中，更立「明世好」一德目，鼓勵全家參與講會，以為教養子弟的家風良範，這一舉措，乃特重文化人格在代代傳習上的具體遍潤所在：

> 吾人教養子弟，先在去其傲心，養其謙德，至身外功名得之不得自有命在。使子弟能溫恭退讓，為孝為忠行無邪辟，雖終身隱居，亦不失為克家之子。……。使子弟得其所養，在於親炙薰陶，會中子弟有願聽教者，不妨攜至，使執卑幼獻酬之禮。觀法考鏡求以自淑，志同則道同，世講之好，始不為彌文耳。〔註 122〕

一旦置身此一同志之會，則不論年齡、輩分、地位、賢愚，只要有志切磋，正是眾學之益，共存共享人心良知豁顯、人格挺立的當下感受，「凡我同盟，有踰七望八者，有踰五望六者，既脫世網下戲台，正好洗去脂粉，覷本來面目之時，若於此不知回頭，真誠當面蹉過，可惜也！」，人生世間往往在電光石火之間，王門立教的風格，誠是教人全體放下，精神打併歸一，只從省力處做。尤以鼓勵人心於日常中多用「減法」思考：「惟求日減不求日增，省力處便是得力處，古人之學原是坦坦蕩蕩，纔有拘攣束縛謂之天刑。」

　　後繼引領講會學風的羅近溪，更重人倫理分上的「孝悌敬愛」之心，後人所整理的《盱壇直詮》，多半彙整他在講會教育上的心血，以及智慧的警語。尤以切身感悟之處，作為希聖希賢之本意，親切而雋永的論述，更見明人格物的曠懷本色：

> 平時窗下之讀誦，與他日場中之文詞，皆只是一段虛見、一場閒話，而一套空理矣。與汝竟何益耶？故今講孔子的書，便須體察孔子當時提醒門下諸賢的一段精神，蓋當時諸賢亦如汝輩，欲理會道理來

〔註 121〕《王龍溪語錄》，卷二，第 16 頁。
〔註 122〕《王龍溪語錄》，卷五，第 4～5 頁。

者，孔子則句句字字只打歸各人身上，去求個實落受用。〔註123〕

因此一堂之上下，無論學人或鄉里老幼，皆可以反省躬行，無所謂絕對的分野及差別，「譬之洱海之水，其來有從瀑而下者，有從穴而出者，今則澄匯一泓，鏡平百里，更無高下可以分別。」巧譬善導的風格，故能化民成俗，父老子弟「群然而集，見諸聲歌，間以鍾鼓，堂上堂下，雍雍如也。」其直指人心的案斷，實為書院家一慣啟發的基調。因此同志之會的集聚，無論是滕王閣之所，抑或靈濟宮之便，皆以儒門學風作為人格之矩式，「立義倉、創義館、建宗祠、置祭田、修各祖先墓，暇則講里仁會於臨田寺以淑其鄉人」，這一經世濟民的脈絡，正是亟求建立一套，社會層面較為良善的傳播規制，以作為儒家淑世的模型。身體力行之下，感人至深矣，其后學乃推重近溪的人格教育，不僅無所謂門戶標榜，更有體察世情的心量，是為感召：

> 吾師之學發志最早，自髫之年，以及壯強衰老孜孜務學，未嘗少倦。參訪於四方高賢宿德，惟恐不及。德無常師，善無常主，但聞一言之益，即四拜頓首謝之。會眾智以稽古訓，契中庸以歸大學，靈透洞微生德盎然，而其躬行密實，殆篤恭不顯矣。故其隨人啟發，直指性體，至所真修刻刻入神。〔註124〕

明代的虞山書院，也同時體現了這種「以世為體」的格局，作為鼓舞人心，迴向真知起信的理念。〔註125〕書院的「會文會講」立意，即以眾學之間「互相砥礪，取長補短」的學風，作為文化陶冶、修身養性的場所。因此無論是年度大會，或每月小集，除了職事者的基本工作規制之外，大體乃以講論的內容與進行的型態作為重心，這也是構成傳播結構上，著重同志之會的情境，以及共享經典詮釋上的兼容並蓄所在。此點可以清代紫陽書院的講會生活規畫為代表。〔註126〕

〔註123〕《盱壇直詮》上卷。

〔註124〕同上，下卷。

〔註125〕《書院與中國文化》，第63頁。虞山會講來者不拒，人皆可以為堯舜，何議其類哉。我百姓年齒高者與年少而知義理者，無分多鄉約、公正、糧里、市井、農夫，無分僧道游人，無分本境地方，但願聽讀，許先一日或本日早報名會簿，候堂上賓主齊，該吏書領入，照規矩行禮。果胸中有見者，許自己上堂講說。

〔註126〕《中國書院與傳統文化》，第88頁。每會，首由會宗預選一章，衍為講義……講會時每有課業，體裁不拘，或講錄、或制藝、或會友問答、或詩歌、或策論。臨會呈眾就正，辨別是非，散會之後，會友各修業，各置日錄一編……會日呈堂，與眾共睹。

在此一傳播結構中，「傳者」和「受者」，同樣都被賦與在文化人格理想上彼此陶冶，彼此啟發的立場，實已前承書院教育中「教學相長」的意涵，而有進一步的延伸。所以只要有志之士前後「以心印心」，大凡一個講會都能延展個十數年不成問題。許多書院家的學思歷程，也都每每借重講會型態，推而廓展他們的人文志業，許多地方性的學風及傳統，也仰賴以啟沃及發皇。例如清代趙紹祖、趙繩祖兄弟所刊印的《涇川叢書》系列，即以該鄉的水西講會傳統自豪，而整理前賢明代的徐榜、蕭雍、蕭良幹、查鐸、翟台等書院家的教育成果，而有《白水質問》、《赤山會約》、《赤山會語》、《稽山會約》、《楚山會條》、《水西會語》、《水西會條》、《水西答問》、《惜陰書院緒言》等叢刊的流傳，〔註127〕以為兼該一時一域的文教指標，誠如《白水質問》中所記：

> 或問邑教有水西會，今吾里有藍山、赤山會館，毋乃贅而期不幾煩乎。……離群索居，前賢患之。事賢友仁為仁之利器也，百暴十日寒如有萌焉何哉？故夫館不越里，會不擇期、庶幾日漸月摩，入芝蘭之室與之化而不自知也。〔註128〕

此一信念，即表現為徐榜所經營的水西之會，以及和蕭雍、蕭良幹所推廣的藍山書院、赤麓書院，作為遙相呼應的傳播網路。〔註129〕

尤其赤山之會特重「鄉里」人情的基礎，以「止訟」之約，此作為鄉民文化良善之藍圖。特別是「戒黨」一目，誠是切中時病，「朋」「黨」之聚合盲點，古今皆然，此又為書院針砭人情世故的一環。唯有此義曉暢，儒家淑世傳統的風規，才能達到傳播上共存共享的理境。〔註130〕

〔註127〕 此一系列叢書，乃收編於《百部叢書集成‧涇川叢書》嚴一萍選輯，藝文印書館。

〔註128〕 《白水質問》，第7、8頁。

〔註129〕 《赤山會約》，第22頁。自姚江之學盛於水西，而吾涇各鄉慕而興起，莫不各建書屋，以為延納有朋、啟迪族黨之所，其在台泉則有雲龍書屋、麻溪則有考溪書屋，赤山則有赤麓書院、藍岑則有藍山書院，一時講學水西諸前輩會講之暇，地主延之更互往來聚族開講，固合則考德而問業，孜孜以性命為事，散則傳語而述教，拳拳以善俗為心。

〔註130〕 同上，第19～20頁。人生世間誰能無與，然有朋不可無辯論，道德商文藝連詩社，此謂之朋，朋不可無也，無則孤立，而誰為輔張聲勢，與援弄機詐此謂之黨。黨不可有也，有則界借交而易為亂，小人無朋君子無黨，黨非盛世之所宜有也，黨議成於上，而國隨之黨與行于下，而家隨之，自古未有黨而不敗者。然黨未有久而不散者，陳張孫龐之屬始末嘗不親如兄弟，堅若膠漆，而卒相傾害也。昔人連雞之喻非其明鑒乎，大抵君子之朋愈久而愈親。小人

　　立會講學的規制，可以說自是一番聚會，就有一番警惕、一番拈動，自是一番覺悟，如《稽山會約》即以「立真志」、「用實功」、「滌舊習」作為三大德目，此又為一般講會中所共同關切的必備考驗所在，其大旨不外乎與其怨天尤人，不如反求諸己，課以實功。而在「情境共存」上，莫不以會期中相互設身處地，守望相助，以成共同利益，此點可以查鐸的《楚中會條》中揭示為最：〔註 131〕

　　　　會期每月或二會、或一會，就依作文之期先二日會至作文日，會文，
　　　　凡與會者，辰集雍雍穆穆，一堂之上就有三代氣象，切不可徒說閑
　　　　話，或各商量，近日功夫或自呈已過或諭家庭難處之事，或論宗族
　　　　鄉黨該處之事，共識為處于鄙俚之語，乃人之是非長短一切莫說，
　　　　大要精神靜定，不可徒事言說，受益終淺至于倦後，或散步或歌詠，
　　　　一切粗心浮氣漸令消除始見會時之益。

顯見講會制度的建立，不僅是「以人為統」作為生活主軸上的開展，亦逐漸能與「人和」、「地利」相結合。在民間傳播教化上的作用，更是不容忽視，例如《白水質問》中有記一與會者在此一情境中，自我反省與懺悔的實例：〔註 132〕

　　　　或曰：聞星源有項姓者與弟共產分時，私田二十畝弟不知。邑人亦
　　　　不知也，十年後入會中輒勃勃內不自安，鳴之同志必捐田十畝與弟
　　　　而後已。若品何如？徐子曰：是之謂慎獨不斯，是之謂改過不吝，
　　　　若講學者盡然，將人有君子之行戶成可封之俗矣。

家庭難處之事，或是宗族鄉黨該處之事，這些履跡與心影，固然在「經世致用」的事統配景之下，屬於較為「隱性」而沈潛的一環，但歷代書院家們卻從不忽視，並藉此作為長期文化耕耘的磐石。尤其是積累性地成為「學區」與「學風」影響的準備，講會制度，更是傳播理念中，至為可貴的「無形網路」。所以每每在會語、會約之中，格外強調「會友輔仁」的殷切與熱望——「破冗來此一會，則意氣合而善人多而道德一，道德一而風俗同矣，豈不回淳古之化哉。」《惜陰書院緒言》，誠然有著紮實的人文底蘊，體現為精神的傳承。

　　　　之黨乍合而乍離。離則生怨，怨則侵侮向所用為自衛者，且彎弓而內向矣。
　　　　可畏哉，可畏哉。
〔註 131〕《楚中會條》，第 6 頁。
〔註 132〕《白水質問》，第 8 頁。

二、書院學區的理想與具體規劃

　　由講會制度所開展的事統精神，基本上乃正視了中央政權制約之下的民間社會，其實尚有很大的可塑性與隱性力量，尤其是透過前述的社會傳播機構原理，更奠定了書院家試圖將鄉民社會以及地方自治的信念，作一長期的耕耘與疏導。如同程明道所言：「貢舉不本於鄉里，而行實不修，秀士不養於學校，而人才多廢。」如何結合鄉里和學校的特點，即成為宋明以來書院家每每究心於經營、擘劃書院學區的成果。而此一學區的概念，則可視為講會傳播結構的延伸及擴大參與，並且發展出由書院教育哲學作為主體的「鄉約」制度、「學田」制度，這些具體表現，也實為新儒家在學理之外，應運而生的政治以及文化制度。

　　書院教育理解到中國社會，乃由血統和地緣關係的結合而構成，包含了家庭宗族與鄰里鄉黨兩大環節。家庭是個人安身立命的所在，由家庭而家族，再集合而為宗族，組成社會；世家大族為其上層，士人為其中堅，婦女為其支柱，彼此互有倫理關係。再者而鄉里結構，亦即是由村社組織，維持了社會的基本秩序，在動亂時期更發揮了保境安民的力量。所以重視鄉黨與鄉約的傳統，事實上也是由「儒學——儒教」的一貫發展歷程。

　　我國的鄉教之義，始於〈周禮〉，而「鄉約」之制，則濫觴於北宋神宗時的陝西藍田之呂大鈞、呂大臨兄弟，亦即著名的《呂氏鄉約》，此一鄉約乃為地方性的自動自發性組織，同時兼具了道德倫常教育、社會公益，以及民間經濟合作等特點。尤其是呂氏兄弟同受業於理學家張載，所謂張載的「關學」，以禮為先，而此一鄉約之舉，正是承此儒家禮義之教的宏規而來。《宋元學案》所載，即詳舉此一鄉規之全譜，並言「關中風俗為之一變」，〔註133〕此一以教化為目的的地域性自治團體，除了在編制上有都約正、約副、直月等主事者的規定，更重要的是其中的理念及關涉事務，實為教育理想的梗概，其大略為：

（1）德業相勸：希望約中之人，居家時能事父兄、教子弟、待妻妾，在外時能事長上、接朋友、教後生、御童僕。

（2）過失相規；如有犯過，則請約正以義理教誨之，不聽教誨者，則聽其自動退出。

（3）禮俗相交；訂定應對進退之禮，以供鄉約之人遵守。

〔註133〕《宋元・呂范諸儒學案》，第 630 頁。

（4）患難相恤：凡有水災、盜賊、疾病、死喪、孤弱、誣枉、貧乏
之家，可以告訴約正，約正則邀集約中之人，互相救濟。這種
慈善事業，並不限於約中之人。鄰里之間，如有患難之事，雖
非約中之人，鄉約中亦規定予以救濟。〔註134〕

這一簡述，實可看出相應於書院講會制度中至為顯著的「眾學之益」的理念，
可看出兩者在前後發展上的淵源，皆以建立一良善的鄉民社會作為目標。另
一方面，在鄉約中強調的「尊幼輩行」的分殊性，更是人倫教育上的特點，一
方面表現為「敬老尊賢」的美德，另者也因輩分而各有不同的具體理分：

尊幼輩行凡五等。曰尊者，（謂長於己二十歲以上在父行者）。曰長
者，（謂長於己十歲以上在兄行者）。曰敵者，（謂年上不下滿十歲者，
長者為稍長，少者為秒少）。曰少者，（謂少於己十歲以下者）。曰幼
者，（少於己二十歲以下者）。〔註135〕

此一界定，則各等皆有不同的具體理分，作為在「造請拜揖」、「請召送迎」、
「慶弔贈遺」等方面的儀節表現。作為鄉俗教化的具體內容，可視為儒家《周
禮》、《儀禮》、《禮記》等禮學教育上的落實。因此一方面「呂氏鄉約」的設
計，可以有效銜接中國歷代在地方行政上的許多措施及傳統，如保甲、里甲
制，以及在戶口整編、田土規劃的基礎，也能落實在人力資源，以及公益事
業上的守望相助，更可貴的是提供「鄉民社會」中，重要的調節及溝通的功
能。〔註136〕

唯有在一個健全的社會傳播結構中，則大凡公務管理、經濟、政治以及
教化上的訊息，才能深入每一個組成分子的生活，因此在「鄉土崇拜的信仰」

〔註134〕《吾土吾民》，中國文化新論系列，聯經出版，第205頁。
〔註135〕《宋元‧呂范諸儒學案》，第631頁。
〔註136〕《無形的網路》，第50頁：美國社會學家沃爾夫（Eric R. W. olf）在他的名
著《鄉民社會》裡寫道：「鄉民形成社會的一部份──即由各種結合加入大社
會──同時他們為與大社會共享一套探討人類經驗之本質的象徵系統，亦即一
套意識型態。一套意識型態包括行動和觀念，即儀式和信仰；而這些行動和
觀念可以滿足多種功能。有些是表現情緒的，例如在婚禮、喪禮、宗教慶典，
或收穫祭典等場合炫示具有象徵意義的物品。這些行動和觀念也有調適的功
能：幫助人類渡過生活中失敗、生病、與死亡種種不可避免的危機。在幫助減
輕焦慮和安慰遺族的同時，它們也使個人的遭遇成為公眾關心的焦點。某一
個家庭遭遇的偏倚性壓力就因此獲得普遍性的重大意義。個人的病痛成為大
眾治療的時機；個人的死亡也成為共同致哀的時機。意識型態也有道德意
義，他提倡「正直的生活」，因而加強了維繫社會存在不可缺乏的感情。」

和「人情世故的觀念」兩大單位，就成了中國古代鄉民社會中的基本質素，〔註137〕呂氏的舉措，提供了書院落實事統教育哲學上，一個具體而有效的藍圖，例如朱熹即採行他的設計，並以「勸人為善」作為旨趣，〔註138〕而在明代以后，更成為官方和民間，共同採行的定本，即以「里甲」、「鄉約」和「保甲」組織，作為地方政治互為體用的政策。〔註139〕明太祖更據此頒布著名之「六諭」：「孝順父母、恭敬長上、和睦鄉里、教訓子弟、各安生理、無作非為」，作為思想統治的藍本。清初並命令民間成立鄉約組織，選生員中六十歲以上，有眾望者為鄉約正。康熙九年，更發表了「十六條聖諭」，作為準則，下迄雍正二年，更頒佈了長達萬言的「聖諭廣訓」，且逐漸擴大鄉約人員之編制。此又為「思想」啟沃「制度」上的一個顯例。〔註140〕

　　書院家更不乏在講會中，強調「鄉黨公益」的眾學理想，除了前文所提及的會約教育理念外，王陽明的鄉約制度，更是全面性地結合了他在事功、書院講會，以及地方行政上的總體設計。在他巡撫南贛汀漳以及晚年征思田的事功上，不僅在軍事、民生、以及形勢上有其精湛的智慧，更以貫徹他的教育哲學，作為真正實踐的目標所在。除了在改立衛所、開設縣治、勘察地形、建造新城之外，其親民哲學的表現，乃亟求根絕兩廣地方的禍亂之源，因此以興辦學校，採行鄉約，以及結合書院等系列規劃，作為長遠之計。在其四十六歲平漳寇一役中，即舉鄉約，立社學，並作訓蒙大意，以作為拔本塞源之教，其〈南贛鄉約〉即顯一前述鄉民社會的教育理念：

> 爾父老子弟，所以訓誨戒飭於家庭者，不早薰陶漸染於里閈者，無素誘掖獎勸之不行，連屬和之無具又或憤怨相激狡偽相殘，故遂使之靡然日流於惡，則我有司與爾父老子弟皆宜分受其責，嗚呼往者不可及，來者猶可追故今特為鄉約以協和爾民，自今凡爾同約之民，皆宜孝爾父母、敬爾兄長、教訓爾子孫、和順爾鄉里、死喪相助、患難相恤、善相勸勉、惡相告戒、息訟罷爭、講信修睦、務為良善之民，共成仁厚之俗。〔註141〕

此一理念乃側重如何陶冶「新民」，反而不以官方官腔，而言亂民或盜寇，以

〔註137〕《無形的網路》，第47頁。

〔註138〕《宋元・晦翁學案》，第623頁。

〔註139〕《吾土吾民》，第213頁。

〔註140〕同上，第206頁。

〔註141〕《王陽明全書（三）・卷二》，第380頁。

眾學之益,使得地方上的禍源導正,共成良善之邦。實寓教化以靖亂的眼光,
乃較呂氏鄉約有進一步的設計:

▲ 各寨居民昔被新民之害,誠不忍言,但今既許其自新,所占田產
已令退還,毋得再懷前讎,致擾地方。約長等常宜曉諭,令各守
本分,有不聽者呈官治罪。

▲ 投招新民,因爾一念之善,貸爾之罪,當痛自克責改過,自新勤
耕勤織平買平賣思同良民,無以前日名目,甘心下流自取滅絕,
約長等各宜時時提撕曉諭,如踵前非者呈官懲治。〔註142〕

並且兼重地方民情的批導,而兼重情、理、法的關係。〔註143〕在儀規的採行
上〈鄉約〉與書院之〈會約〉一致,皆以同志之會、同盟之心,以期建立守
望相助的良善風規。再者並申論頒行「十家牌法」的保甲制,作為治安上的
需要,且利於戶籍造冊等基本工作,其理念則為鄉約之延申:

如此,即奸偽無所容,而盜賊亦可息矣,十家之內,但有爭訟等事,
同甲即時勸解和釋,如有不聽勸解恃強凌弱及誣告他人者,同甲相
率稟官,官府當時量加責治省發,不必收監淹滯。遇問理詞狀但涉
誣告者,仍要查究同甲不行勸稟之罪。又每日各家照牌,互相勸
諭,……,則小民益知爭鬥之非,而詞訟亦可簡矣。〔註144〕

此一十家牌式,其法甚約,其治甚廣,有司果能著實舉行,不但盜賊可息,
詞訟亦可簡免。並且增立主事之保長,各鄉村要地皆置或高樓,一遇警,即
各巷即刻相應,而可自衛自保。這些規劃在他其後,平定思田一役時,也發
揮了規範現實的作用,如他在〈批揭陽縣主簿季本鄉約呈〉一文中,即大力
鼓舞此一事統理念上的意義。〔註145〕並於倡舉「思田學校」的主張中,亦強

〔註142〕《王陽明全書(三).卷二》,第381~382頁。
〔註143〕同上,第381頁。本地大戶異境客商,放債收息合依常例,毋得磊算,或有
貧難不能償者,亦宜以理量寬,有等不仁之徒,輒便捉鎖磊取挾寫田地,致
令窮民無告去而為之盜。今後有此告諸約長等,與之明白償不及數者,勸令
寬捨,取已過數者力與追還,如或恃強不聽,率同約之人鳴之官司。△親族
鄉鄰往往有因小忿,授賊復讎殘害良善釀成大患,今後一應鬥毆不平之事,
鳴之約長等,公論是非,或約長聞之即與曉諭解釋,敢有仍前妄為者率諸同
約呈官誅殄。
〔註144〕同上,第287頁。
〔註145〕同上,第325~326頁。據揭陽縣主簿季本呈為鄉約,事足見愛人之誠心,親
民之實學,不卑小官克勤細務使為有司者,皆能以是實心,脩舉下民焉有不
被其澤,風俗焉有不歸於厚者乎。……十家牌諭,雖經各府縣編報然訪詢其

調風化之原終不可緩，「或興起孝弟、或倡行鄉約，隨事開引，漸為之兆」。而他的鄉約思維，也可以「諭俗四條」作為深入民間網絡上的體會，以及心學上的愷切叮嚀：

▲ 為善之人，非獨其宗族親戚愛之，朋友鄉黨敬之，雖鬼神亦陰相之，為惡之人非獨其宗族親戚惡之朋友鄉黨怨之，雖鬼神亦陰殛之，故積善之家，必有餘慶，積不善之家必有餘殃。

▲ 見人之為善我必愛之，我能為善人豈有不愛我者乎，見人之為不善，我必惡之，我苟為不善人豈有不惡我者乎。

▲ 今人不忍一言之忿，或爭銖兩之利，遂相構訟，夫我欲求勝於彼，則彼亦欲求勝於我相報遂至破家蕩產，禍貽子孫，豈若含忍退讓，使鄉里稱為善人，長者子孫亦蒙其庇乎？

▲ 今人為子孫計，或至謀人之業奪人之產，日夜營營無所不至，昔人謂為子孫作馬牛然身歿未寒，而業已屬之他人，仇家群起而報復，子孫反受其殃，是殆為子孫作蛇蝎也，吁可戒哉。〔註146〕

倘能引導人心，由怨外或他律的規範，轉向反求諸己的本心及反省，則一切地方上的訟端，公共事務上的參與，才有疏通的可能。進而結合鄉紳、民力，大舉興學或創辦書院，則以一邦之風教，作為治國的權輿，則可視為步步相貫的經世宏規。王門後學的羅近溪，也是重視此一鄉遂遺規的書院家，據《明儒學案》所載，「羅子行鄉約於海春書院，面臨滇海，青苗滿目。」（泰州學案三），他所諄諄關切者，即是在此物理人倫之間，學者必須正視「人情」與「世習」的複雜病症，且獨以孝弟慈為化民成俗的指歸，並能體會刑罰之具，不足為世道及化民的依靠。人心之淪入偏邪，是上位者不能以德化民，以身作則的結果，書院家的襟懷，以及使命，就是不容屆此錯過。強調事統教育哲學的可貴者，即是這些建構的思想及理論，勢必要能近乎人情，唯能在人情事理中，真切履行，如此而昌言教化，才能直指人心。〔註147〕

實類是虛文塘塞，且編寫人丁惟在查考善惡，乃開加以義勇之名，未免生事擾眾，已失本院息盜安民之意。……委張繼芳遍歷屬縣督令各該縣官勤加操演務，要不失本院立法初意，仍先將牌諭所開事理，再四紬繹，必須明白透徹，真如出自己心，庶幾運用皆有脈絡，而施為得其調理該縣鄉約。

〔註146〕《王陽明全書（三）》，卷末。

〔註147〕《明儒‧泰州學案》，第 780～781 頁，即戴羅子之於世道人情的感慨：竊觀五十年來，議律例者，則日密一日；制刑具者，則日嚴一日，任稽察、施拷訊者，則日猛一日。每當堂階之下，牢獄之間，觀其血肉之淋漓，未嘗不鼻

　　無論是講會或者鄉約設計之中，莫不強調五倫之教，乃為成員之間共同提醒、鼓舞，以及相互成就的理想。則「鄒魯之鄉」的願景，也就無遠弗屆，不待聖王而皆能自立圓足。這一脈絡，實為書院教育立足於吾土與吾民的入世取向，而不言解脫、淨土或上帝的現世關懷。

　　「學田」制度的形成及影響，也是作為書院家與鄉民社會相輔相成的一大表現。也是涉及了書院如何在學術獨立，經濟自主上的考量，攸關於書院「事業」上的現實因素，同時也進一步地和「學區」形成，有直接或間接的重要性。這一大現實因素，也和書院傳統上的講學、祭祀、藏書等單元，構成了書院經世層面上，如何由「志業」兼攝「事業」的特點。

　　中國書院史上，書院學田之始，乃於五代南唐的李煜（李后主）時發端。即江州白鹿洞主明起為褒信主簿，而后主「時結田數十頃，為諸生課書之資」。〔註148〕尚且早於官學學田之定制。此後或經官方統一辦理，或官民合辦，皆有其相當成果，唯於私人出資捐田辦學的熱忱，最具地方自覺的色彩。〔註149〕

　　書院經費的來源，不外乎以「田租」為最鉅，且其籌畫方式，也分為官撥、官捐、紳捐三大宗，劉伯驥在其考證廣東一區書院的成果上，在書院經費此一環，有其參考價值，可作為指標，在經費來源的種類上，分為三十八種，列表如下：〔註150〕

酸額蹙，為之嘆曰：「此非盡人之子與？非曩昔依依於父母之懷，戀戀于兄妹之傍者手？夫豈其皆善於初，而不皆善於今哉？及睹其當疾痛而必聲呼父母，覓相依而勢必先兄弟，則又信其善於初者，而未必皆不善於今也已。故今諦思吾儕能先明孔、孟之說，則必將信人性之善，信其善而性靈斯貴矣，貴其靈而軀命於重矣。茲誠轉移之機，當汲汲也，隆冬冰雪，一線陽回，消即俄頃。諸君弟目前日用，惟見善良，歡欣愛養，則民之頑劣，必思掩藏，上之嚴峻，亦必少輕省。謂人情世習，終不可移者，恐亦無是理矣。」

羅汝芳，字惟德，號近溪，南城人。師事王艮之弟子顏鈞。嘉靖進士。授太湖知縣，擢刑部主事，歷寧國知府、東昌知府，改雲南屯田副使，進參政。因受言官彈劾，被勒令致仕。其學「以赤子之心，渾然天理，……知不必慮，能不必學」。繼王艮「百姓日用即道」之說，認為「人無貴賤賢愚，皆以形色天性為日用」。曾講學於宣城縣志學書院。著有《孝經宗旨》、《一貫編》、《近溪子明道錄》、《近溪子文集》等，樊克政《中國書院史》，台灣文津出版社，1995年，第179頁。

〔註148〕《中國書院與傳統文化》，第40頁。
〔註149〕同上，第41頁。
〔註150〕《廣東書院研究》，第179頁。

來源種類	書院數	來源種類	書院數	來源種類	書院數
田　租	一七一	官　捐	七六	紳　捐	二九
撥公款	二五	充公款	一四	地　租	二一
塘　租	八	舖　租	十九	交商生息	六六
解　送	五	賓　興	三	寺　租	二
鹽　稅	三	茶　稅	一	船　租	一
魚埠租	一	鹽　股	一	豬　釐	
廁　租	一	湖　租	二	庵　租	
椎頭租	一	鹽埠稅	一	渡　稅	三
桁戶征課	一	網戶征課	三	園　租	三
秤　佣	一	竹寮租		石車租	
禾場租	一	旨　賞	二	涌　租	
荔枝林租	一	鴨埠租	一	橋　租	
禾蟲埠租	一	窰口息	一		

　　在支出方面，也以尊師養士為主，故在教師及學生方面的薪脩和膏火開銷上，實為大宗重心，其他的行政雜支，比例較小，劉氏歸納支出方面的概要如下：〔註151〕

　　　（甲）掌教／（一）脩金（二）薪膳（三）聘儀（四）贄見（五）節儀（六）程儀。

　　　（乙）生童／（一）膏火（二）獎賞（三）賓興。

　　　（丙）祭費／（一）開館祭先師（二）丁祭（三）禮生衣資（四）香油。

　　　（丁）行政／（一）監院薪脩（二）齋長津貼（三）總理紳士車馬費（四）開館酒廓費（五）禮房紙張費（六）書辦工銀紙張費（七）脩補費（八）官師課午膳茶水費（九）官師課卷費（十）門房院役工食費。

大致已將書院支付狀況，整體規模初具。

〔註151〕《廣東書院研究》，第 182～184 頁。

前述的概況，大體可看出書院的經濟規劃，乃為教學本位式的設計，因此一方面在行政上務求易簡，故編制不大，且以師生生活的基本需求作為均衡所在。其他在講會方面的編制及開銷，則由會員獨立處置，因此可將大部分的心力，專注於教學及生活內容上。因此以學田為中心的教育經費體制，大致而言，尚可兼具理想與現實的狀況。然而另外一個可注意的指標，則是書院發展上的「經濟性分布」，乃不同於歷史或政治性分佈的因素，牽涉了較多現實條件或特點的發展，例如明清以降，沿海地區的地緣及經濟條件，即大輻度地促進書院發展。如張之洞在廣州興辦的廣雅書院，除了公款資助外，還得到鄉紳的捐款及經常性資助，而商家在影響興學的角色上，更有莫大的助力及成果。〔註152〕

另一方面在純就學區形成的探討上，除了經濟上的因素之外，當可以學派形成的因素，進一步歸納學區開展的問題。例如傳統上，論理學的分派有濂、洛、關、閩之學，或如《明儒學案》中以地域所在，來區分王陽明學派的立場。但本文所關切者，在於此一學區的形成，實與文化人格的陶鑄及發皇為旨趣，誠如論湖湘一域的學風，啟引了嶽麓書院師生，在經世器宇上的鍥而不捨之志；也端賴於重視其人文傳承上的特質（如湖湘人士格外看重哲學對經世事功的特點），以及有效結合地方傳播上的網路（如結合湖南湘紳，在教育以及時務上的奧援），形成了「地因人重」的特點，並形塑了學區與具體學風的關係。

除了在清代盛極一時的湖湘經世學風之外，以朱熹為中心的武夷山閩學學區，以及以陳白沙、湛若水為中心的嶺南學區，皆陶鑄了卓絕的學風及文化品格。這兩大理學重鎮，實積澱了數百年的書院家心影與理想，才能成就名山事業的深遠影響。此外也是結合心理、物理，以及自然空間原理

〔註152〕《書院與中國文化》，第189～190頁。明清捐資于書院的商人，大都為各地依賴官府的鹽商，亦有從事典當業、茶業、棉業、絲綢業的商人。而當地官府用來給書院的款項，也有不少就是從這些商人所交的稅款中提出的。這與內地書院仍主要以田產或官款資辦有著明顯的差別。如浙江的崇文書院由明萬曆年間巡鹽御史葉永盛、新安鹽商汪文演等合力創建。紫陽書院由兩浙都轉巡鹽使高熊徵割俸購地及鹽商捐資而成。江蘇無錫書院由鹽商獨力辦成。清代徽商機營規模甚大，資本雄厚，予書院資助最力，如潭子文一人捐資創辦的毓文書院規模甚為可觀。揚州梅花書院（舊為甘泉書院）建于明代，后毀，清代又為鹽商獨資重建。揚州安定盧陵書院與儀征書院等都為商捐官助的書院。

上的例證；因此由學區以比觀事統教育哲學的諦域，不失為一個具體可行的角度。

　　雄峙於福建邊境的武夷山，是一座享有令譽的理學名山，碧水丹山與紫陽（朱子）流風相互輝映，實為自然景觀與人文景觀融為一體，千岩競秀、萬壑爭流，山河之勝且相埒於朱子所開啟的學術儒林大觀，無怪乎閩人盛稱閩北之學為「海濱鄒魯」、「理學名邦」。自楊龜山「道南一脈」為理學慧命之承續，迄朱熹之全幅打開，學術及書院志業上「集大成」的規模，以武夷山為主的區域，儒學遺跡更如星羅棋布，處處可見：

> 而環顧整個武夷山系所涵蓋的區域，則松溪的湛盧山、浦城的夢筆山、匡山、船山、建陽的盧峰、庵山，建甌的歸宗岩、萬木林，南平的劍溪、九峰山，光澤的烏君山、云崖山，邵武的熙春山，泰寧的金湖丹霞岩，將樂的龜山、玉華洞，沙縣的七峰，永安的栟桐山、桃源洞等，處處都是風景絕佳的旅遊勝地，又都留有閩中理學和閩學諸儒寄寓、藏修、優游和從事講學著述等文化學術活動的蹤跡，與他們活動有關的文物和文化遺址（如故居、書院、讀書處、祀祠、墓葬、摩岩石刻等）如星羅棋布，處處可見。〔註153〕

重要人物如楊時、游酢、李綱、胡安國、劉子翬、劉勉之、羅從彥、李侗、朱熹、張栻、蔡元定、蔡沈、劉爚、真德秀、熊禾等，其文化人格與行跡，幾可與景點爭勝，並可屆此明瞭書院教育在傳承、推廣以及影響上的脈絡分明。例如和朱子畢生看重的滄洲精舍（原竹林精舍），即是貫徹其一生書院宗趣的重鎮，當時的師生生活也有重要的紀實：

> 精舍沿用《白鹿洞學規》，明確教學目的，教學順序，以及修身、接物和處世的表求。為嚴肅校紀，樹立良好的學習風氣，還設堂長一人，專門管理精舍教學行政事務。書堂的大門，貼上「道迷前聖統，朋讀遠方來」的對聯。
>
> 精舍學生有在考亭寄宿的，樓上為宿舍，樓下為講堂。朱熹門徒蔡元定、黃干、劉爚、蔡沈、葉味道、陳淳、范念德、林夔孫、劉擇之、陳埴等人，都在這裡求過學，有的還幫助朱熹著述。滄洲精舍，既是學習的場所，又是著書立說的地方。〔註154〕

〔註153〕《武夷勝境理學遺跡考》，武夷山朱熹研究中心主編。自序，第 3 頁。
〔註154〕同上，第 275 頁。

宋理宗時更御書「考亭書院」，以表尊崇，而元代的虞集更屆此作有「考亭書院記」，有言：

> 國家提封之廣，前代所無。而自京師通都大府，至于海表窮鄉下邑，莫不建學立師，授聖賢之書，以教乎其人。群經、四書之說，自朱子折衷論定，學者傳之。……。今郡縣學宮之外，用前代四書院之制，別立書院，以居學者。因朱子而作者最多，建寧一郡，書院凡七，而皆朱子之游息，或因其師友門人而立者也。〔註155〕

此文乃闡明朱學在元代取得正統地位的經過，也不忘強調此一書院學區，在人統教育上的人格感化力量：

> 朱子不忘先君子言，蓋至晚歲而後始築室以成其志，而終身焉。于是百五十余年矣。意其精神，魂魄之往來，猶願懷于茲者乎！子孫、后進來學于斯者，誦詩讀書，求其志氣神明之所在。嘉蔬之荐，執事有恪。高堂虛室，若有聞乎其音聲，瞻前忽后，若有見乎其儀型。思其居處，思其嗜好，思其言語，雨露之沾濡，薰蒿之升降，觀感而化之者，莫斯之為近。〔註156〕

閩北一地，光以朱熹其人的流風遺韻所在，即大有可觀，較重要者如：〔註157〕

▲崇安——紫陽樓
　　　　朱子巷
　　　　武夷精舍

▲建陽——雲谷晦翁草堂
　　　　盧峰與宋理宗石刻
　　　　祝氏夫人墓與寒泉精舍
　　　　赫曦台山
　　　　百丈山
　　　　考亭滄洲
　　　　考亭故居與汲古井
　　　　考亭書院
　　　　考亭半畝方塘與天光雲影亭
　　　　朱子墓

〔註155〕《武夷勝境理學遺跡考》，第276～277頁。
〔註156〕同上。
〔註157〕同上，由目錄分類中整理而來。

▲建甌——〈對鏡寫真〉石刻板

▲泰寧——朱子讀書處

　　　　朱子題壁詩手跡

其他間接關係者，分佈尚且不只如此，可體現朱子其學思教化的層面，例如赫曦台山，乃為回憶他在嶽麓書院時，和張栻登臨南岳衡山之頂，即「赫曦台」的勝慨。而直到登攀此云谷之際，覺得是處至佳，欣然曰「將移刻于此，以侈其勝」，並有詩記。又如朱子名詩的「半畝方塘一鑑開，天光雲景共徘徊，問渠那得清如許，為有源頭活水來。」在此也有遺跡所在：〔註158〕

　　　其他和朱子生平相關的師友，以及后學的遺址更是不勝枚舉，如紀念朱子師李延平的「延平書院」，即載有相關書院的史實，如學規、學田之制：〔註159〕

> 嘉定二年，陳復齋宓來守是邦，遂仿白鹿規式，創書院于南山之下，以為奉祀、講學之地。禮聘九江蔡念成為堂長，延請洪齋李燔定學規，捐俸市田，以贍生徒。時真西山長沙未上，亦來預講，四方名士咸會。其后傅守康重建祠堂于禮殿之側，又籍廢寺田以益之。

又如朱子學生，劉爚兄弟所建的「義寧精舍」，其后改為「云庄書院」即為講學所在，亦擁崇山之勝，有著稱的「云庄書院八景」，即可詮釋書院在自然和物理空間上的理想設計。〔註160〕

〔註158〕《武夷勝境理學遺跡考》，第278頁。紹熙三年（1192）壬子，朱文公所構，手書「天光雲影」四字揭于門楣。（嘉靖《建縣志》卷七）載：朱熹于紹熙二年（1191）從漳州卸任來到建住于童游橋頭，次年營建新宅。遷入考亭新居，並鑿建半畝方塘于住宅之前，援用從前在雲谷山手書的「天光雲影」四字，揭于亭子門楣。「半畝方塘」則出自他的《觀書有感》。詩曰：「半畝方塘一鑑開，天光雲影共徘徊。問渠哪得清如許，為有源頭活水來。」在朱熹之父松的詩句裡，曾多次出現「方塘」一詞。如《和謝綽中觀亭》詩云：「方塘艷宿漲，曲澗來飛湍。光涵郁藍天，傾洞碧玉寬。小亭坐土外，瓦影浮朱。霜渚寫秋色，煙林養漁竿。」（《四部叢刊・書齋集》卷一）朱熹定居考亭，鑿塘建亭，擬在晚年居住僻靜林野，從事講學與著述，雖然受是了他父親思想影響。考亭的「半畝方塘」與「天光雲影」亭，歷經修葺與重建。明正統十三年（1448），考亭朱氏八世孫朱洵重建源頭活水坊。天順間（1457～1460）年知縣劉　重建「天光雲影」亭。明末朱熹八世孫朱欽刻書「半畝方塘絕句碑」，碑正面書《觀書有感》絕句。

〔註159〕同上，第53頁。

〔註160〕同上，第294～295頁。一曰籠山曙色：書院之前，奇峰團聚，如金籠然。吳高詩云：「先生古木三更月，影動扶桑五色云」。二曰雙溪水漲：書院地處雙

又如朱子學生葉味道〔註161〕之「溪山精舍」（後改為溪山書院），亦可見乎書院家在教育空間上的意匠經營，尤其是強調希聖希賢的宏旨：

> 葉味道自匾其堂曰「講道藏修」，兩旁立齋二，左曰「明道」，探求先賢之遺訓，右曰「集賢」會聚同行之學士。他經常親自到考亭受朱熹教誨，弘揚理學思想，撰成《大學講義》、《四書說》、《易會通》等書，並與蔡沈、真德秀、張洽、童伯羽等人討論學術，探究學理，因此「學益藏而道益深」，終於成為朱熹高徒。〔註162〕

在這一系列的理學遺跡中，至為感人的景點，莫過於和朱子生死之交的得意門生，蔡元定〔註163〕的「西山精舍」，他自築西山精舍，過著簡樸的講學生活，嘗自詠道：

> 教椽茅屋寒流水，布被藜羹飽暖食
>
> 不向利中生計較，肯為名上著工夫
>
> 窗前野馬閑來往，天際浮雲任卷舒
>
> 用舍行藏安所遇，不妨隨分老樵漁

溪會流處。一溪流自麻沙，一源出自茶。春潮暴漲，水坡凌凌。三曰芳洲夕照：面前沙洲，岸草萋萋，汀蘭呈芳。夕陽斜照，錦鱗暢遊。四曰獅岩霽云：峰巒蹲伏，狀如雄獅。然窮冬雨雪，他山不見白，獨獅岩之巔有之。霽后仰視，益增爽氣。吳高詩云：「怪石巉岩銀錯落，疏篁古木玉參差。」五曰馬嶺晴云：「山嶺昂藏，勢如奔馬。好天晴景，云氣縹紗充斥，散布虛谷終日。」吳高詩云：「鹿臥翠煙濃欲滴，鶴迷珠樹杳難分。」六曰九曲回流：書院前流九曲，如環如帶，彎彎澄澈。漁舟往來，鼓楫而歌，「欸乃」聲相聞。七曰五龍聳翠：五山聳拔，形如列屏。竹樹蔥菁，春朝細雨，望之蔚然，翠色可覽。吳高詩云：「雨餘人看丹青畫，云淨天井翡翠然。」八曰寒泉佳麗：朱熹母祝氏夫人墓，喬木千章，松篁間染，珍鳥囀而繁花艷。山之旁有泉，清冽如冰。飲之有翰墨香。

〔註161〕葉味道，初名賀孫，以字行，改字知道，溫州人。師事朱熹。曾問學於竹林精舍。嘉定進士。歷官鄂州教授、宗學諭、太學博士兼崇政殿說書、秘書著作佐郎。著有《四書說》、《大學講義》、《故事講義》等，樊克政《中國書院史》，台灣文津出版社，1995年，第79頁。

〔註162〕同上，第296頁。

〔註163〕蔡元定，自季通，學者稱西山先生。曾師事朱熹，問學於寒泉精舍。朱熹，問學於寒泉精舍。朱熹對他不以弟子相視，「四方來學者，熹必俾先從元定質正焉」。慶元二年，因韓侂胄禁「偽」，被謫道州。後卒於貶所。嘉定三年，諡「文節」。生平博覽群書，由長於天文、地理、樂律、歷數、兵陣之說。教人「以性與天道為先」。著有《律呂新書》、《皇極經世指要》、《太衍詳說》、《洪範解》、《西山公集》等，樊克政《中國書院史》，台灣文津出版社，1995年，第78頁。

尤其是和朱子的晦庵草堂遙相對峙，形成一雋永的師生學思生活寫照。

> 蔡元定也同時在與云谷山遙相對峙的西山構築西山精舍，與朱熹講道山林。兩人還分別在西山與云谷山構築燈台，晚上懸燈相望。燈明則表示無事，燈暗則表示學有疑難問題，相期次日聚首，互相研討解難。師徒二人隔山望燈磨礪學問，一時傳為佳話。關於這一段史實，證之于蔡氏譜牒，「西山精舍在潭陽崇泰里（今莒口鄉），距城五十里，山與云谷山對峙。」「宋時朱子構晦庵草堂于云谷，文節公（蔡元定）構精舍于西山。」〔註164〕

如果說由朱熹所代表的閩學學風，乃彰顯一靜觀敬穆而淵源博厚的風格，由陳白沙與湛若水所形塑的嶺南文化，就對顯了一主靈動，並且自闢谿徑的風貌。實兼該了獨特的歷史與地理環境，以及人文因緣湊泊而來：

> 嶺南各書院各祠宇所奉祀之先賢，最普遍者為蘇軾、韓愈、與文天祥、陸秀夫、張世傑，可見孤臣謫宦對於嶺南教化之影響。此種教化，吾人無以名之，姑名之曰「遺民教化」。……。此種色彩與理學最接近，故嶺南學術，經過一番遺民教化孕育之後，即結晶於理學。吾人曾言，嶺南在宋元以前，無學術之可言，嶺南而有學術，足以樹立，實始於明代，始於理學。而明代理學之柱石，在嶺南則為陳白沙與湛甘泉兩位先賢。〔註165〕

此番理學氛圍，乃模塑於面對威權的反抗性與創造性而來，如佛教之有六祖惠能，發現了人類的心體悟性，改寫了禪宗的歷史定位。陳白沙反動於程朱正統的理學，而以「鳶飛魚躍的心體」，自闢儒家心體朗現的先機，終有其後王陽明「心學」的發皇。再者湛若水卻洞悉王學末流其病所在，雖與陽明至交，仍不滿其學的勢力，遂前承白沙之學，繼而以完成儒學圓教的理境，作為歸趨。如斯因自覺而批判的嶺南傳統，到了清代的朱九江，更以堅定的反樸學立場，作為復歸儒家文化人格的殿軍。清末以來嶺南有識之士的康有為、梁啟超，乃至於孫中山的革命建國，這一路衝決網羅，獨持偏見的性格，正是嶺南學風的特質。

嶺南人所自負的由「六組傳燈到中山建國」的歷史積業，或可名之為「革命型」的文化人格。不僅是學理上的，更可表現為臨事考驗上的一大關目，

〔註164〕樊克政《中國書院史》，第286頁。
〔註165〕廣東文獻社輯印《中華文化與嶺南文化》，第8頁。

所以同時兼俱了前述「遺民」與「貶謫」的色彩。例如高蹈的陳白沙，畢生即有此一沈重的心影：

> 白沙居近崖門，每登臨奇石憑弔宋君臣殉國處。石上有賊將張弘範紀功銘，大書「張弘範滅宋於此」七字。白沙為冠一「宋」字於其上，乃成「宋張弘範滅宋於此」八字以醜之。一字之誅，真嚴於斧鉞。更於碑陰題詩云：「忍奪中華與外兒，乾坤回首重堪悲，鑴功奇石張弘範，不是胡兒是漢兒」。此外復有崖山弔陸公祠詩、崖山大忠祠詩、崖山泊舟奇石下風雨夜作詩，與李世卿同遊崖山詩，均可見其心跡。〔註166〕

此一孤憤與激越情懷，相交相感於自然環境的陶鑄，自有一番山風海雨的衝擊與逸盪氣象，每有俠義豪雄的節慨，躍然於丹青之表：〔註167〕

表現在陳白沙的學問，即如陳榮傑所謂「動的哲學」，其名言「由靜中養出端倪」一語，實開明代心學義理的先覺，此理甚為緊要：

> 於此在理學史上開一新生面，「端」者始也，以時間言。「倪」者畔也，以空間言。端倪實指整個宇宙，即謂靜中可以養出生生活潑的宇宙之意，先生所謂「宇宙在我」者（與林郡博），即是此意……。
> 〔註168〕……注意「養出」二字，此二字指動的生產與動的成立，即於靜中能發現此生生之宇宙，更可云再造生生之宇宙。此點為前人所未說過，先生始說之，遠出乎周子與象山體認之上。此先生之所以開理學一新紀元也，黃梨洲謂「作聖之功至先生而始明」（明儒學案白沙學案）

這一自信與立法所在，則表現出他在人統與學統上的傲岸及獨持「偏見」，例如明成化十七年，江西有司等請先生出任白鹿洞書院山長，以為十三郡士者

〔註166〕廣東文獻社輯印《中華文化與嶺南文化》，第11頁。

〔註167〕同上，第11頁。嶺南人民本山海野民，山海野民一方面富於保守性，又一方面則富於冒險進取性，以此民性，影響於民風，即有一種異樣色彩。溫汝能云：「粵東瀕大海，宅南離，山禽水物，奇花異果，如離支珊瑚玳瑁之屬，莫不秉炎精，發奇采，而民生於其間者，亦往往有瑰奇雄偉之氣，蟠鬱胸次，發於文章，……」。又云：「粵東居嶺海之間，會日月之交，陽氣之所極，陽則剛，而極必變，故民生於其間者，類皆忠貞而不肯屈辱以阿世，習而成風，故其發於詩歌，往往瑰奇雄偉，凌轢今古，以開闢一家之言，……此皆東粵之風也」。

〔註168〕同上，第48頁。

師，此乃儒士至高之尊榮，而白沙力辭，理由如下：

> 諸公欲興白鹿之教，復考亭（即朱子）之舊，必求能為考亭之學者，
> 夫然後可以稱諸公之任使。乃下謀於予，是何異借聽於聾，求視於
> 盲也？……居廬山以奉之諸公教，非予所能也。〔註169〕

其人自信如此，遂不為羈絆常格，寧願抉擇一恬淡自得的學思生活，作為遍
潤其學的立據。〔註170〕

　　這一學區教風及人格傳統，在清代的朱九江〔註171〕之學，更得印證。當
時廣州「學海堂」振起樸學之風，名器至鉅，然屢次延聘朱九江出任山長，
皆不就，「雖求之二十年終不可得」，甚至於其弟子簡竹居亦保此風：

> 至簡竹居，則對於當時之漢學（樸學），有極嚴厲之批評，曾云：
> 「紀文達，漢學之前茅也。阮文達，漢學之後勁也。百年以來，聰
> 明魁異之士，多錮於斯矣。嗚呼，此天下所以罕人才也」（見簡竹
> 居文錄）。由此可見朱九江、簡竹居對於當時所謂樸學之態度，同時
> 亦可見廣東理學根柢之深厚，對於漢學之富於反抗性而短於感受
> 性。〔註172〕

然而堅持開闢嶺南學者「鄉居講學」之風，亦即講明人格之學，以對治樸學，
特立獨行之風，有其狂狷所在。此一精神前后呼應，扮演著嶺南之學一大樞
紐的湛若水，其生平與學風，更是嶺南文化人格的典範：

> 弘治七年（1494），增城湛雨棄舉子業赴白沙從學，直迄先生下世後
> 廬墓服衰三載始去。為及門中最能透澈了解乃師絕學之精義真諦
> 者，先生嘗以江門釣臺付與，等於衣缽之傳焉。其後，甘泉成為明
> 代卓越之思想家，宦遊南北，到處鼎創「白沙書院」以宏揚乃師學

〔註169〕廣東文獻社輯印《中華文化與嶺南文化》，第53頁。
〔註170〕同上：日與弟子輩論文講學。四方來學者愈眾，譽漢天下。顯吏數人以次各
　　　　遺白金，欲新其居，卻之，乃以所饋營「小廬山書屋」以處遠方從遊者……。
　　　　然不論中官釋道士農工商來謁悉傾意接待，有叩無不告，深得仲尼「有教無
　　　　類」之旨焉。往來東西兩藩部使以及藩王島夷宣慰亦常來敬禮。……。門人
　　　　中，有自築書舍於白沙以便留居從學者。
〔註171〕朱次琦，字子襄，一字稚圭，學者稱九江先生，南海人。先後肄業羊城書院
　　　　與越華書院。道光進士。署山西襄陵知縣。引疾歸里，居家教授二十餘年。
　　　　為學不分漢、宋，注重經世，並強調躬行，崇尚氣節。康有為曾從其問學，
　　　　深受影響。著作有《朱九江集》、《朱九江論史口說》等，樊克政《中國書院
　　　　史》，台灣文津出版社，1995年，第280頁。
〔註172〕《中華文化與嶺南文化》，第11頁。

說。既歿，其後人恪遵尊師祖訓，歲時具牲醴至新會展墓。師生恩

誼，歷數百年弗衰，可云奇蹟。〔註173〕

而湛氏在其大科書院的教育上，更是體現著靈動而生機處處的教育哲學，其
六十一條堂訓，可謂大觀，其中數則，更可相貫於地的「體認天理」大義，
可以體會他將哲學運用在生活教育上的用心：〔註174〕

嶺南雖處於山阪海際之間，卻緣此一理學氛圍，體現在文化人格的氣象
和創發精神上，自立高格。尤其是白沙之教，乃形塑著嶺南士人的品格及操
持，故有謂嶺南文化乃結晶於白沙之理學：

黃梨洲亦云：「凡出其門者，多清苦自立，不以富貴為意」。……。
此種淡於聲華，薄於榮利，闇修獨行之風節，又與羈人謫宦，孤臣
遺老之遺民文化，有其淵源，有其關係。蓋必有孤臣遺老之苦節、
之堅貞、之特立獨行、之孤芳自賞，然後有後來理學家之闇修獨行，
之清苦自立，之淡聲華而薄榮利，其間前後相承，如出一轍。所以
遺民文化乃結晶於白沙之理學。〔註175〕

是以嶺南人物的特殊風格，不僅自命以羅浮之聳拔為其精神，以梅嶺之局塞
為其品格，以珠江之明朗為其風度，以南海之浩瀚為其襟懷，實與閩北之學
風並峙為兩種世容。皆可視為文化人格在經世成就上的表徵。尤以其后作為
海洋文化吞吐西潮的首埠，開啟了「革命」與「君憲」主張的兩股潮流。匯
聚著遺民文化下迄革命的文化，此一脈相承的反抗與創發精神，允為近代人
文的宏觀底蘊。

〔註173〕《中華文化與嶺南文化》，第 56 頁。
〔註174〕同上，第 81 頁。（卅七）諸生讀書時，須調練此心。正其心，平其氣，如以
鏡照物，而鏡不動，常炯炯地，是謂「以我觀書」（白沙先生語），方能心與
書合。孔子所謂「執事敬」，「中庸」所謂「合內外之道」，程子所謂「即此是
學」，如此方望有進。若以讀書、主敬為兩事，彼此相妨，別求置書冊而靜坐
以為學，便是支離，終難湊泊。（四二）諸生肄業遇厭倦時，便不長進，不妨
登山玩水，以適其性。學者有遊焉息焉之說，所以使人樂學鼓而不變，亦是
一助精神。（四七）吾儒學要有用，自綜理家務，至於兵、農、錢穀、水利、
馬政之類，無一不是性分內事，皆有至理，處處皆是格物工夫，以此涵養成
就，他日用世，鑿鑿可行。（五五）諸生人人皆學歌詩作樂，以涵養德生，舜
命夔典樂，以教胄子，此其深意，安可一日缺此？或讀書至深夜，則會於本
齋，歌詩以暢意氣，又是一番精神。
〔註175〕同上，第 10～11 頁。

三、書院建築的文化意向與教育哲學的體現

「天人合一」素為中國人生哲學的理想層境，其中反映了中國思想上尋求「自然」與「人文」之間，如何調暢逸豫「即超越而內在——即內在而超越」的理念。然而此一理境的標識，當如何在思想和生活之間落實與遍潤？傳統的書院制度，已然在「家國同構」、「天人同構」的基礎上，深厚地累積了此一理境的內容，有助於今日重新崛發以及解讀的價值。

▲ 書院建築所承襲者，率為中國傳統之「合院」結構型態，因此可反映「文明」（技術演進、實用效應）以及「自然」（適應外在環境、乃致調和自然質素）在建築形構、人文格局上的歷史痕跡。

▲ 由書院建築本身，可反映文化的縱剖面（歷史之演變動向）、橫切面（反映其時之教育、社會、經濟、政治型態），構成一完滿的整體。

▲ 中國傳統建築，乃是文化思想之立體呈現，其一為工藝技術方面，其二乃在於意匠的構思，皆有其相當深厚的文化基礎。書院建築結合了學術、教育、現實生活等方面的需要具體成型，亦可集中考察「天人合一」在其建築內外所具顯的實況。

奠基於書院建築與合院建築之間，一脈相承的關係（就建築分類而言，書院建築和孔廟、儒學等同屬文教建築系列），再者，書院教育中所陳述的人文精神特質，更能在合院建築美學的理論上印證。

中國傳統建築在幾千年發展歷程上，極端重視「人」與「建築」的高度感應，合院建築中，即可推衍出「家國同構」〔註176〕和「天人同構」的論題；但反溯其人文意向所在，探討建築不可避免要觸及「時間」和「空間」，因為它是人類體認自身與世界關係，最切身的居住範疇。時間、空間的二維思考，反映著中國人文理念「對宇宙環境認知的時空——中央與天圓地方，是中國人幾千年來生活的基本柜架，反映在中國建築合院住宅、廟宇、宮殿、規序性的建築與城市理念上。」

藉由書院教育的探討，是一條強調自覺與實踐的進路，而在走進那有著近千年歲月的書院歷史迴廊中，除了在表象的形構、組織、制度之外，彷彿

〔註176〕「家國同構」，乃指合院建築本身，由人文中軸線反映出的一套尊卑次序，內外正偏，乃致風水氣形環抱，選址的安排、國朝政體的宮室結構，概為家族宅院理念的延伸。

仍有一線業已滿佈塵埃的軌跡，引領著我們試圖去解讀形表下的意志。恰如一個完滿的「人格」，在除卻了表現在社會面、道德面之下，真正存在的性情與孤寂一樣。書院的內具性格，是深厚並且銜接著中國傳統文化，絕對不單是作為一個教育的空間，或者是今日額圮的「古蹟」。那豐富的人文底蘊裡，正著實地寫就了一幕意味深遠的心靈圖式，有待今日以更謙卑、自覺的性情，進行崛發那放諸今日，仍足為法式之美的質素。

　　然而置諸在「事統」教育哲學的關懷上，書院建築文化意向上的表現層面，除了前述嶽麓書院所體現的特點之外，進一步申論「心理──物理──自然」，「三重空間」的傳達與感受型態，勢必側重於書院建築在選址過程中，反映的認知取向；以及建築本身所透露的價值取向，才能真切地申論「理學」思想如何結合著書院規制，以有效協調人與自然的關係，並且在其中展示著自成法式的人文宇宙觀。

　　就環境選址的取向上，書院家所關切的，不僅是「山林逸氣」的興懷問題，而是適度地結合中國傳統的風水觀，以及人文意蘊的揭示，作為名山事業、抑或社會傳播的理想空間。這一個前提之下，風水觀中的「形法」（注重山川形式與宅形格式的自然環境配屬），以及「理法」（注重山川形氣與宅居方位的布局與空間組織），除了「吉凶」的世俗性考量之外，更是結合前述「三重空間」意義上的詮釋。尤以選擇、安排一處自然、人文協調的辦學所在，不僅是作為心理安頓上的抉擇，也有助於啟迪多士，教化地方上的「回饋」。所以歷史上書院的盛行與消長，「人存政舉」固然重要，但在辦學之初，書院家在選址時，就前後親自勘查過多處，不僅進行全方面的衡量、比對，以期為有志之士尋覓一處接近完美的校址，誠如思想體系，一貫之於教育的理想及志業。〔註177〕清代張兆鳳建高州「敷文書院」時謂：「予蒞任初，即相度遺址，見門崎三峰，形如筆架，層巒聳秀，望而知地毓鍾靈。」〔註178〕也是相同的用心。

　　書院家在辦學上的思考，除了氣、勢、形上的看究，在卜定和相度的過程中，乃試圖將「風水」與「士風」、「文氣」作為一體的聯繫，所以文化人格的陶鑄，自是不能忽略了外在客觀環境的深刻遇合，這一認知取向，在類型上大約可分為如下幾種：〔註179〕

〔註177〕《書院與中國文化》，第 192 頁。

〔註178〕同上。

〔註179〕整理自《書院與中國文化》，第 193～194 頁，以及《中國書院與傳統文化》，第 176～178 頁，二書關於書院風水取向上的探討。

類　　型	圖　　式	代表書院	特　　點
背山面水		‧義寧至城書院	△基本吉形，背山面水稱人心。
三面環山 一面向水		‧嶽麓、涤江、城南、王潭等書院	△山屏水障，鍾靈匯秀之最佳吉形。
依山傍水		‧象山纓溪書院	△枕山襟水，左山右水之佳處。
三面環水 一面背山		‧寧仁義興書院	△以水為龍，水抱之勢亦為吉形。
山環水繞	負陰抱陽 金帶環地	‧湖南箴言書院 廣西培元書院	△負陰抱陽，金帶環抱，為藏風聚氣之佳處。
四靈護佑	丘（玄武） 路（白虎）　河（青龍） 池（朱雀）		△東有河流青龍、西有馳首（白虎）、背有丘山（玄武）、南有水池（朱雀）；五行五方最佳吉形。
依山傍水 且前有案山	案山	‧永州群玉書院	△必有靈氣，人得之能為俊杰。

　　尤其是特重「案山」的所在，如案山的形狀即有几案、筆架、三台、三峰、天馬、文筆、文峰、橫琴、玉帶等類，且引喻於文人學士的文書用品，所以只要遙對案山，或另築「文塔」，皆可滿足於書院在環境要求上的認知取向。如湖南的嶽麓和雲山書院，皆以天馬山作為案山，而另建新塔，以濟先天不足的理論，更有文教訴求上的意義，這點也和官學一致。〔註 180〕

　　另外在書院建築的朝向上，更重視「坐向」以及「方位」的關係，此點也是風水觀的思維所在。因此在採行上，也同於一般合院多取坐北朝南（坎位），〔註 181〕其餘則以南向（离）、東南向（巽位）、東向（震位）為三大吉向。尤以東南向主文運的（巽位）為最吉方位，而風水方位與書院人氣的興盛，更是有其心理上的重大關連，例如「石山書院」與「南征書院」的實例：〔註 182〕

　　此番的思考與選擇，乃基於古代對於學校位置的格外看重，王鎮華認為有三個要素：〔註 183〕

　　▲ 實乃傳統的「巽位主文運」觀點（乃據文王卦位圖說而來）。

〔註 180〕《中國書院與傳統文化》，第 179 頁：有的書院學官在選址時，沒有筆架、筆鋒之選擇有塔的地方，或者重新建塔，以象徵「筆峰」，即所謂「文昌塔」、「奎星塔」、「培風塔」之類，像這種類型的就不勝舉了，如永州的群玉書院、祁陽的永昌書院等等。風水地理說中關于「文峰」有明確的論述。《相宅經纂》中說：凡都府縣多村，文人不利，不發科甲者，可于甲、巽、丙、丁四字方位上擇其吉地，立一文筆尖峰，只要高過別山，即發科甲。或于山上立文筆，或于平地建高塔，皆為文峰。《瀏陽縣志》中說：「塔起于西城，盛于唐，自書筆題名慈恩寺中后，遂以科第故事。而陰陽五行家又謂其高聳秀拔狀，置之得地可以助形性、培文風。」這裡所謂培文風，助科甲者，表面看來是一種純粹的迷信。而實際上，它所表達的是一種審美的意境，借助優美的地理環境和某些象徵性的形象，來陶冶人的性情，激發努力向上的意志。

〔註 181〕據王鎮華的歸納，古代學校位置常設在城外西南「以就陽位」（按伏羲八卦「巽」卦位西南，是陽卦，主文運），且台灣書院門向大半居中，另一半重視「巽位」，詳見氏著《書院教育與建築》，第 41～42 頁。

〔註 182〕《中國書院與傳統文化》，第 195 頁：人們似乎確實相信風水方位與書院興盛是緊密相關的。如有人以為石山書院「其造就有如此者。至其作法之妙，首乾趾巽（東南向），兩耳門，一子午（南向），一酉卯（東向）。按之龍圖、魚書、數符，秉時策長善。后，從此人才鵲起，科甲蟬聯，年逢巳酉丑申子辰，皆有應。面膺高爵食厚秩以舒其致君澤民之略者，亦應踵相接也。」「又有人以為，南征書院「西望山，東倚風嶺，北控晉康，南窺林峒，一溪環之，百雉臨之、于粵會坤（西南向），是朋類之所躋也，于洲治為巽（東南向），是萬物之所齊也，合之有升焉。」

〔註 183〕《書院教育與建築》，第 42 頁。

▲主靜，即所謂「一耳目」──乃保障物理環境之清靜。

▲樸素，即所謂「肅心志」──乃保障心理環境之清靜。

這三大要點，也相應於前述的三重空間思考型態，而在思維上的「同構性」而言，亦即「天人」和「家國」同構的意義上，如是的表現也有道德上的文化意味，此即風水說中的「三綱五常」論。〔註184〕

遞進深層的文化人格影響，以及建築形象審美上的詮釋，乃透過人與自然的關連而來。此一文化意向，誠為在理解書院建築時，甚為基本的一個認知心態，於焉建築的象徵上，又有至為形象化的體現：

> 道德以為地、忠信以為基、仁以為宅、義以為路、禮以為門、廉恥以為垣牆，六經以為戶牖、四子以為階梯、求之于心而毋假于雕飾也。〔註185〕

結合建築的具體形象思維，作為賦予理想「文化人格」的建設工程，有著悠久而深遠的傳統，逐漸豐富了他的人文底蘊。所以我們可以發現，書院教育的形成，可視為在「入世」與「出世」兩大對立的人生觀上，彼此互補，並且相輔相成。尤其是在書院建築本身，除了「德觀禮教」的色彩之外，更將中國傳統士人至為理想的「耕讀生活」，以及「山水情懷」作了最佳的詮釋。尤其是在文化人格的心靈建構工程上，有著深刻而雋永的寓意，湖湘文化與嶽麓書院，閩北文化與朱子學脈，以及嶺南文化之於陳白沙與湛若水的書院教育，都可作為代表。然而在「地理」、「人文」與「建築」之間，尚有一層獨特的中介，亦即是「居民的文化素質」和「生活方式」的因素，攸關書院學風的興替與傳承。在浙江著名的楠溪江中游流域中，即體現了書院教育孕育其中，繼而回歸鄉土的人文座標，此又可為書院學區的遞進，獲得嶄新一層的啟發。

楠溪江流域的耕讀生活，是與其幽美的山水情懷相得益彰的，「耕以務本，讀以明教」的信念，即在此代代相傳。斯地文風之盛，科甲成就之輝

〔註184〕《書院與中國文化》，第197頁。風水說在這種思維方式的影響下，也以三綱五常作為審理標準，把天人關係與風水相揉合。所謂「一曰氣脈為富貴貧賤之綱，二曰明堂為砂水美惡之綱，三曰水口為生旺死絕之綱」。這是風水說中的「三綱」。又所謂「一曰龍，龍要真；二曰穴，穴要的；三曰砂，砂要秀；四曰水，水要抱；五曰向，向要吉」。這是風水說中的「五常」。由此看，書院建置受風水影響，根本原因就在于思維上的同構性。

〔註185〕同上，第185頁，《定襄縣補志·新建晉昌書院記》。

煌，在全國鄉村中實為罕見，不僅遠溯自王羲之、謝靈運等文人，在這裡的流風餘韻，下迄南宋時還與理學中重要的「永嘉學派」多所淵源，人傑特出，書院家葉適、呂祖謙、朱熹等人，對此間佳處的寓意，皆有相當的肯定及讚美：

> 底上灣村有陳揆，紹興癸丑與陳亮同榜登進士，與葉適相善，有詩集二十餘卷、文集五卷問世。芙蓉村陳寶之，紹興進士，從呂祖謙學，與陳亮為詩友。宗譜有「送陳同父」和「挽呂東萊」詩各一首。

> 乾隆「永嘉縣志」記載，朱熹在任兩浙東路常平鹽茶公事的時候，曾經到楠溪江來訪問當地的理學家。先到岩頭村訪問人「以理學鳴於世」的劉愈，說：「過楠溪不識劉進之，如過洞庭不識橘。」但不巧沒有看到。又訪門人謝復經，再訪戴蒙、戴侗及蓬溪村李時靖。楠溪江地處荒僻，卻與當時的主流文化保持著這樣密切的關係，達到這樣高的水平，這在全國鄉村中是少見的。〔註186〕

人文與自然條件的浹洽，更形塑了楠溪人文，在「儒道互補」上的理境追求。是鄉「秀士成群，多含英咀華之彥，古懷如晤，有莊襟老帶之風，可謂文質彬彬，野處多秀者已」，整個流域不僅有數座重要的書院，更遍佈義學、園林、禮坊、景點、亭台，甚且街坊規劃，亦重視人文風規，實可相映於謝靈運「山水詩」所以肇源於此的機緣。楠溪江人在環境審美上，也側重風水堪輿，在選址構圖上的整體意涵，書院講學於此，人才的興盛自然有其可觀之處：

> ▲ 相傳芙蓉村陳氏在南宋時就有十八位高級京官，稱為「十八金帶」為鼓勵子弟讀書仕進，楠溪江各村幾乎都設有私塾或書院，延請宿儒名師主持。

> ▲ 例如溪口村「明文書院」、芙蓉村「芙蓉書院」岩頭村「水亭祠」等都曾是頗具規模的書院，至今遺跡歷歷，可追想當年子弟聚讀於一堂的盛況。

> ▲ 楠溪江文風之興，起自科舉。而文風興盛後又轉成對知識文化的深刻理解與追求，例如塘灣鄭氏、溪口戴氏，都出現過學問精深

〔註186〕《楠溪江中游鄉土建築》（一），北京清華大學建築系策劃主持，《漢聲雜誌》第 46～48 期，第 64 頁。

的理學家。這種文化特質，使楠溪江深山幽谷裏的村莊，皆散發
著濃厚的書卷氣〔註187〕

此外「山水」與「文運」的關係，在鄉民的學區規劃中，也較講究意匠經營
的美學設計：

> 還有一種風水規畫，就是規畫象徵性的文房四寶，例如蒼坡村和岩
> 頭村。蒼坡村西有筆架山，村子的主街名為筆街，長約三百三十公
> 尺，由東向西，直對筆架山。西池又名為硯池。池北側有兩塊長約
> 四點五公尺的大石條，截面五十乘三十公分，這就是墨。紙就是方
> 方正正的村子。岩頭以文峰塔為筆，以琴嶼為硯。塔湖廟裏天井的
> 水池是硯頭的水槽，也以石條為墨，以村子為紙。另一種說法是戲
> 台後間為墨，塔湖廟前空地為紙。〔註188〕

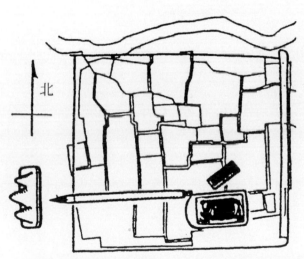

蒼坡村初建村時即用心將村子、街道、池塘等
規畫為「文房四寶」，以利於發榮科甲。

像這樣以「文峰塔」搭配「墨沼」或「硯池」的手法，搭投影於水中即
是著名的「文筆蘸墨」，乃大利於文運之象。〔註189〕而書院的位址，也每每居

〔註187〕《楠溪江中游鄉土建築》（一），第66頁。
〔註188〕同上，第105頁。
〔註189〕同上（二），第72頁。岩頭村的文峰塔投影於水亭祠書院裏的池中，就是這
　　　　種風水。天然的文筆峰也一樣，如豫章村和蓬溪村就都有墨沼硯池來映照文
　　　　筆峰。《豫章胡氏宗譜》說到村口的墨沼：「文筆峰倒影如筆尖之蘸水，秀氣
　　　　所鍾，可使仕宦迭出，科第連登，文筆代不乏人。」

於鄉村醒目之處或景點所在，如「芙蓉書院」所在的芙蓉村，即有「前橫腰帶水，后枕紗帽岩，三龍捧珠，四水歸心」的好風水，正因此才在南宋一連出現了十八位大官，村民美稱之為「十八金帶」。而其他地域的書院所在，也多和居民生活，以及山水景美相互融合：

岩頭村總平面圖與水系圖

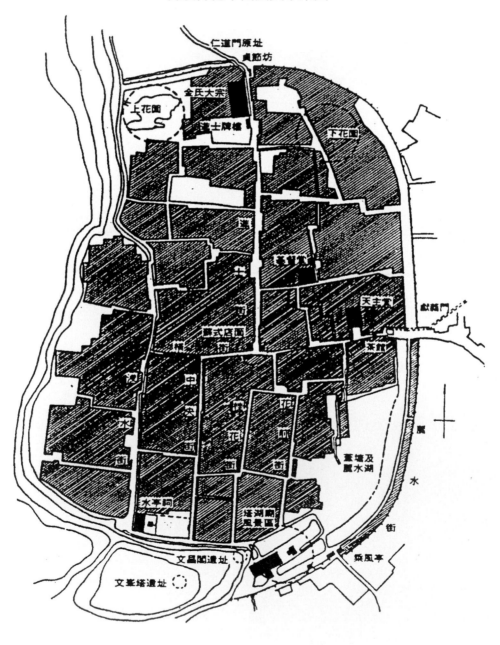

　　例如明代造的豫章村「石馬書院」，位於「渠口寨山之麓，後枕高嶽石壁，下臨溪流深淵」（豫章公書塾）就是「合溪十景」之一。「十景詩」裏寫道：「宋第名儒系澤長，東山傳有戴公莊；灣中書帶草空綠，壟上龍鱗松尚蒼。」鶴陽村的書院叫「環翠樓」，鶴陽八景裏有「環翠書聲」，詩曰：「幽閣峻嶒碧樹榮，琅琅中有讀書聲；半空擲地金錢解，五夜朝天玉佩鳴。」兩首詩裏寫的書院環境都很清靜，花木茂盛，大有利於潛心讀書。花壇村的西園書院，「其中牡丹最盛」，「前有蓮池」，每逢佳日，文士們前去觀賞賦詩，書院便成了公共花園。楠溪江村落的建築，早就有了明晰的環境意識。〔註190〕

　　又如「芙蓉書院」即在芙蓉村的公共中心，而「明文書院」在格局設計上，不僅和當地居民一樣，而且建築物四面開敞，在機能和風格上，實有「公共建築」的特點。楠溪江流域在公共空間上的多元及普遍性，也可以此作為指標，豐富了鄉民與士紳，在共同事物參與和傳播上的理想：

　　　　建築物有樓層，呈工字形，正脊走南北向。正座五開間，南北兩側前後出軒，形成東西院落。建築物面開敞，在面對院落的方向設廊。兩個院落都有對外的門，東北門通村內，西南門通村口。兩軒的屋頂向西作歇山，檐角高翹，頗有公共建築的特色，從西側村口望去，輪廓很生動。明文書院各房間的使用情況不明，不過由於義塾的活動簡單，各個房間大約也不會有特殊的功用。明間有太師壁，應該是供奉至聖先師或者朱子的地方。〔註191〕

這些書院建築的特點，正是古今教育家所樂於想見以及追尋的情境。人物的事蹟更和山川爭勝，在宋明兩代，楠溪江即有相當高階的書院傳統，如溪口村的「東山書院」是南宋理學家戴蒙辭官后創辦的（戴氏家族在是城可謂人才至盛），明代「白岩書院」、「鳳南書院」的主持者，朱垟村和朱墨朧兩人都是著名的學者，又如「石馬書院」、「西園書院」以及前述幾所代表書院，皆為楠溪山水的文教風標，顯見書院教育哲學，在文化意向上的重要特點。

　　此外在具體的建築本身探討上，可進一步以清代台灣本地的書院作為實例。台灣的書院發展，大體仍叩合著台灣本土的文教背景而來，但在教育精神、制度、格局等方面，卻是遙契宋明以來，中國傳統書院之歷史人文脈絡。根據王鎮華的考察結果，台灣書院的創建和分佈狀況，包括金門的四所，史

〔註190〕《楠溪江中游鄉土建築》（二），第70頁。
〔註191〕同上，第69頁。

上有記載的共有六十四所。扣除義學性質者（台南十二所、高雄西螺各一所、彰化二所、南投一所），以及金門四所，不確定者二所（登雲和樹人書院），則為四十一所。〔註192〕

溪口村明文書院復原文面圖

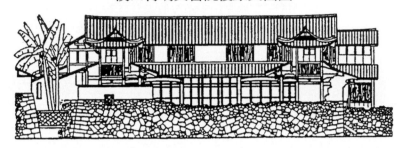

王啟宗在《台灣的書院》一書中，則列舉了台灣六十所書院的詳表。〔註193〕現存書院的調查，據王鎮華的研究結果，大體保存的有十二所、部分保存五所、其他或確定已廢或待考，但有研究和考查價值者，大抵亦僅有文開、道東等十餘所書院：

> 書院的設立，以道光年間的十四所最多，其次康熙、乾隆、光緒、嘉慶各朝都在十所上下……地理的分佈，還是以嘉南地區的二十二所最多，其次中部地區十九所，北部與高屏地區各九所。〔註194〕

書院空間的變化及類型，基本上以三合、四合為基本型態，因著大門、中堂、主院（即講堂前之庭院）和庭院之間的變化（伴隨區域面積大小，機能調整的因素），而有各型式樣的變化，亦有各自代表的書院建築。此一變化，不僅有其現實的考慮，相對的亦產生了豐富的視覺層次效果，而書院中庭院的設計，亦呼應了前文時空院落的情境：

> 屏東書院「前院」、「側院」、「後院」以及講堂與后殿之間的「小天井」等，四種戶外空間感覺各異，彼此連續的空間，也很有變化……書院庭院並非只做做園藝美化的工作，它一般的體制，前院鋪磚石，有集合行禮的功能、性質較正式或較硬性，後院才鑿池起樓，栽培花木，曲意安排亭台水榭，是所謂「遊息」之處。〔註195〕

〔註192〕《書院教育與建築》，第31頁。
〔註193〕王啟宗《台灣的書院》行政院文建會，文化資產叢書。
〔註194〕《書院教育與建築》，第31頁。
〔註195〕同上，第220頁。

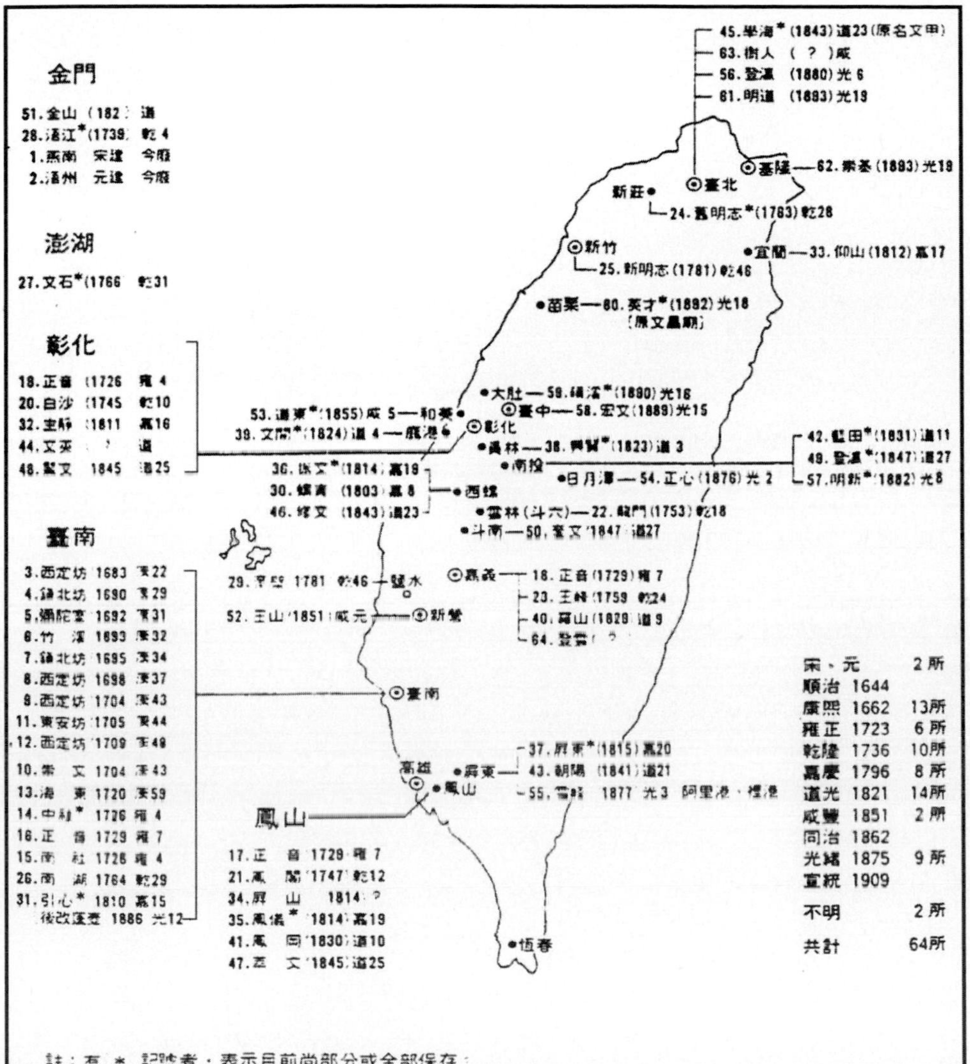

註：有「*」記號者，表示目前尚部分或全部保存。

前後院之情境，因功能之需求，產生不同的情境。台灣的書院其庭院比建築荒蕪更快，規模亦小，這種「嚴肅」和「悠游」兼之的庭院設計，只有彰化「道東書院」較能兼備；《禮記．學記》有言：「君子之於學也，藏焉、脩焉、自焉、游焉」，恰呼應了建築院落的主從屬性之別，而有「累積」、「練習」、與「調息」、「玩味」兩種情境，雖然大小庭院皆屬空間核心之配置，卻在主從序列上，有了卷收和展放的時空意義，再如「道東書院」的剖面變化：

道東書院從前至後的剖面，可見地勢與台基的變化。中國建築，房

　　　　子一進一進，庭院間隔其中，動線的空間感一實一虛、一收一放，

　　　　再配合高度些微的不同，空間變化很強烈。〔註196〕

這種地勢和台基之間的起伏，同理在「文開書院」剖面圖上亦能彰顯。加上
「前院」嚴肅「後院」悠遊的庭院設計，整個有機的建築結構，產生的動線
節奏，更是時空湊泊、卷收展放的興味。

　　　和美道東書院剖面（據「屏東書院〈孔廟〉研究與修復計劃」）

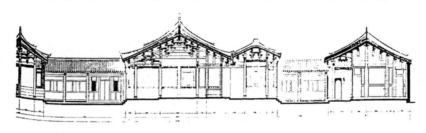

文開書院剖面圖

　　書院建築其基型既承受合院格局而來，因此在生活實際機能、藝術情境
之外，較諸一般合院更多了教育的意味。進而表現在有意味的形式上，大體
可分為二個主要面向的思考，亦即「意匠經營」的手法和「精神空間」的相
應，綜合而為書院建築美學的實際反應。

（一）意匠經營的手法

　　書院建築中的意匠經營，主要表現於裝修、裝飾和其他饒富教育意味的
單元，交織為今日審視與解讀的途徑。

　　中國建築中的裝修，指的是內外簷兩大部分，而裝飾則散見於其他環節
中，在台灣書院中，仍能略見裝修手法意識所在，如磚牆（常有空心花式的
砌法）變化繁多，是裝修手法的一例。再者牆面的裝飾與牆邊的線腳，其變
化和功能，亦有其形式意味。道東書院磚塊斜絞與灰縫的交輝，磺溪書院的

〔註196〕《書院教育與建築》，第53頁。

左廂房與大堂之間牆角的收頭磚，由「九」去拼成，其精美的磚刻藝術，圖案一氣呵成，值得一睹意匠之裝飾手法成績；亦形成了時空中介的轉化空間，亦是現存書院中裝修手法的例證。裝修和裝飾手法的應用，是相輔相成的，又如壁櫃和門額柱聯上的裝飾，極具教育的人文意涵：

> 在磚牆上圍一方櫃敷以白灰，然后在上面畫畫寫字的壁櫃……通常都是在楹廊兩側牆壁上作壁櫃。有的還稍微雕刻再畫（如文開書院）。牆壁上嵌以碑石……道光元年，在文石書院東西牆壁上懸以「學約」領板……文開書院與道東書院講堂前楹廊，都嵌有日本人的石碑。〔註197〕

在門額柱聯方面，可舉例的實例就更多了：

> 門額、柱聯等，寥寥數字數句，文學與哲學很直接就融進了建築之中。尤其中國文字優美，含意連通，真是相得益彰，門上當頭一額或兩柱左右對聯，正是空間上最具有戲劇效果的位置。〔註198〕

例如文開書院的聯刻「賓日有祥興雲有兆」（賓興指科考）、「希賢得地入道得門」；道東書院刻的是「至教遺千載，微言播六經」。另者一般書院頭門或講堂正門上方，刻有院名的大匾或過門中的門額，如學海書院的「龍騰」、「魚躍」，明志書院的「禮門」、「義路」，鳳儀書院的「怡情」、「養性」，皆有其會意之處。這些皆是構成書院人文意涵情境，不可或缺的形式，或隱或顯地，表彰了書院教育深化於民間的理想，並與成聖教育有機一貫的宗風。

（二）精神空間的相應

書院作為儒家入世事業中，是最為顯著的制度，因此在建築設計上，有必要結合教化象徵，以及教學功能的雙層意義；書院教育自主性格中，強調「希聖希賢」的宗旨，並以「訓教合一」作為教育目的（如著名的《白鹿洞書院學規》），因此暗示教育目標的精神「祭祀空間」，適足為書院建築中至為重要的關鍵所在。作為暗示教育目標的精神祭祀空間，例如文開書院碑記中，強調立學必先奉祀先聖先師，奉孔子為先聖，從祀者皆先師。藍田書院，史上記載原祀朱子，現祀孔子，或因書院后兼孔廟使用，又祭文昌帝君。鳳儀書院強調「顧思書院創制，宜崇祀先賢，以正學統……五夫子，上接洙泗之淵源，下開萬古之聾瞶」亦可見書院教育重學術淵源之歷史精神。

〔註197〕《書院教育與建築》，第 60 頁。
〔註198〕同上，第 60 頁。

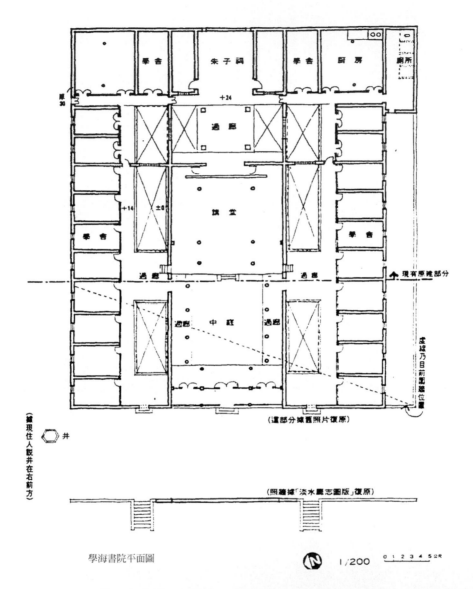

學海書院平面圖　　　　　　　　　　　1/200

祭祀祠堂的「文化核象」意味，加上講堂提供之教學空間，使得書院教育在平素之學校生活外，又增加了若干精神上的「隱藏式課程」。考察書院居舍分配中，院長和學生齋舍同在院內，亦有助於師生營造論道與傳習的生活，以及訓教合一的教育理想。

另一方面，「庭」也是「堂」的配合，祠堂代表著「人」居中位址，而「庭」居「堂」前，表「地」氣所出，且堂上有「天」，於焉天、地、人之溝通交流獲致完整的循環。因而「堂」與「庭」在文化行為、空間機能上的「實──虛」、「常──變」、「深度──層次」，加上中心軸線所構成的序列性結構，遂

能呼應合院建築整體。體現了中國人生哲學，在悠長時間中，次第「積澱」了人文與自然意味的雋永形式。

藉由書院建築的考察，合院意象表現在形構單元，以及實際生活機能上，具有獨特的人文意味。此一意味自然而然形成了書院教育的「學院情境」，不僅提供一處求知的學校格局，更有生活教育上「潛移默化」的效應。明儒所以昌言「隨時隨地體認天理」，生機處處，信手拈來，自然不是今日學校教育的情境能夠等同。

第三節　書院中「事統」教育哲學的意義及評價

自北宋中期的儒學復興運動以來，有志之士莫不以書院及理學，作為道德理想與文化人格教育的張本。不僅成功地復甦了儒家在學術思想上的地位，並奠定了一千多年人文精神生活的一個方向。書院教育的探索與變遷，也是在此一脈絡上，不斷的接受客觀現實的挑戰，以及有所因應。在教育哲學的表現上，由「人統」和「學統」所打開的視野及理想，最終也唯有透過「事統」的實踐，才能真切體現了「希聖希賢」的宗旨，以及「究元決疑」的目的。並且新儒學所謂「內聖」與「外王」的問題，也歸宿於「經世致用」的論題，而這一大關目，也誠為「事統」教育哲學所要解釋與解決的。

素來儒家的學問型態，往往被評為「內聖」有餘而「外王」不足，但這個判語基本上牽涉既多，一如我們在本章中所提及的「經世」命題一樣，也就是「外王」和「經世」這組同義的概念，其「外延」究竟有多大？其有效範圍又是如何？就觸及了儒學「經世」的一個困惑。

儒者好言經世，往往給人不通世務，僅是高標家國天下的宏規，依恃著讀幾本經書而獲得的若干聖世圖像，便想據以規劃經世遠猷。此一通病，自古皆然，例如文學上的復古主張，以「三代」傳說為依準的歷史觀，進而有公羊「三世進化」的訴求與批判，或者侈言五百年當有聖王所出，其例甚夥。這些所謂的理想或者盲點，就今日而言，實有深入商榷的必要，龔鵬程認為知識分子（無論古今或者儒家），力求經世的人格型態與心理狀況，本身就很有分析的價值。〔註199〕所以此一「經世」問題的申論，既見乎前文的展示，卻也有很多可以持續探勘的層面。

〔註199〕龔鵬程《晚明思潮》，里仁出版社，第 319 頁。

　　新儒家的「外王」和「經世」問題的爭議，基本上乃出於三個先後變遷的關節，其一為程、朱一派學者在「格物窮理」之學上的表現，不僅容易流於枝節，繁瑣，且一旦納入官學和科舉的體制，就更顯得僵化、見道不明，遑論經世之義。其二為陽明心學的流變，所衍生的爭議，陽明自身足為文化人格理想上的典範，此點不容置疑；但其后學流派既多，且又介入許多不相干的批判，如與佛、老兩家的糾纏，與程朱等學派的門戶之見，甚至王學內部因「教義」見解不一的自相矛盾，勢如水火，一路下來又得揹肩明亡的歷史包袱，可謂雪上加霜。其三乃為清代「欽定」的考證之學的影響，束縛了士子留心時務的視野及襟懷，其弊深重，不言而喻，無怪乎有志之士，在儒學「內憂」難解的情況下，又豈能侈言「外王」的境界。

　　上面的陳述，祇是略顯其梗概，但「經世」訴求的價值取向，卻是針對此一局面而來。正如本章所揭示的湖湘之學傳統，以及明代東林書院與清代嶽麓書院，在經世範疇上的努力與成果。但是不容否認的，在「經世思想」與「經世致用」之間，仍有一段認知上的差距，勢必有所補充說明。尤其是以王陽明的學派，以及顏元所代表的清初「事功學派」，是否能有效成就事功的問題，即具有教育哲學上的檢證意義。王陽明學派在學術上的貢獻，固然可以代表新儒家義理的成熟階段，但同時也造成了不少的爭議，除了同時期學者之間的橫論不一（如羅欽順和湛若水的質疑），最主要的困境，則如勞思光所言「至此時期，儒學本身之優勝處及缺陷處，便同時顯出。蓋某一學說所代表之精神方向，愈成熟則其特性愈顯，而此類特性即包含優勝和缺陷兩面也。」〔註200〕這一觀點最明顯處就出現了在王陽明「天泉證道」一事上，期間所開啟的「四句教」爭議。也即是在教育理念上，如何有效針對學習者的根器，以及不同才性，進行有效的引導及啟發問題。尤其是王龍溪所堅持的「四無」之說，固然可謂透徹究竟，但在教學傳習過程中，一旦「轉手」有了差距，就易流於蹈虛以及因襲，誤解就更多了。這也是東林學派之所以大加鞑伐的一大盲點，然而「王學末流」的對治，也順理成為明末清初各種思潮的「基源問題」，所謂的「經世」與「經史」的認知取向，也是承此而來。

　　龔鵬程在這一大脈絡中，提醒了三個基本路向的考量：〔註201〕

〔註200〕《中國哲學史》三下，第517頁。
〔註201〕《晚明思潮》序文，第18頁。

▲王學本身即可能發展出經世學風，如羅近溪的教育哲學。

▲復古的思潮，也會逐漸導生出復古經世的學說，如顏元。

▲明代博雅之學的傳統，不容忽視其影響，可以黃宗羲為代表。

勞思光進一步提出清初另有二派學者，亦有經世取向：〔註202〕

▲程朱之儒有陸桴亭、張爾歧。

▲以魏禧為首的「易堂九子」。

緣此前提，再來比觀明末清初學術思潮的轉變，就有較為宏觀的視野，而不致將一切的功過，全然以泰州學派作為焦點，此點在學統一章上已有相當的分辨；唯於此派中羅近溪的經世取向，實已顯出這一自覺，而自成一「克己復禮」的體系：

> 羅近溪掌握了泰州學派的基本核心，如重實踐、強調復仁消欲而反對戀恣窒欲等，但又有所發展，逐漸形成了一套「克己復禮」的新體系。這個體系，言克己歸仁處，與王心齋、顏山農並無大異，其云復禮卻是兩頭通的。一合之於仁，謂「禮由中出」，是由仁所發顯；一與仁分立、謂仁禮為兩端，禮指典章制度經籍格言。以致陽明的良知學逐漸由「體仁」走向「立禮」、由「自證本心」走向「明明德於天下」。〔註203〕

羅氏在教育哲學上的貢獻，即見前文所言，他在書院講會以及鄉約制度上的心血，尤其是他在人師精神的表現上，更「善無常主」，不主門戶。而每以時賢為師的氣度，自是非凡。然則王龍溪在經世問題的反省上，也有他一套詮釋：「儒者之學以經世為用，而其實以無欲為本。」（《龍溪全集》卷十四·〈賀中丞新源江公武功告成序〉），又言「儒者之學務於經世，然經世之術約有二端，有主於事者，有主於道者。主於事者以有為利，必有所得而后能寓諸庸，主於道者以無為，無所待而不足。」（同上〈贈梅宛溪擢山東憲副序〉）

其中自然有他的感觸與信念所在，何況是以「講學」作為思想運動的重要性，本身就當有啟蒙現世的使命，也可算是一種事業上的積極表現。本文乃將講會制度視為「事統」的一大環節，其理在此。然而這一取向是否能有效達到「規範現實」的作用？東林書院所以昌言「以世為體」、「紀綱世界」，

〔註202〕《中國哲學史》三下，第784頁。
〔註203〕《晚明思潮》，第66頁。

此一吶喊更是直以經世思想，作為講學的宗旨，以及具體關懷，但他所完成
的效果及影響，「清議」與「黨禍」的歷史定位也是必須接受檢驗的。其後的
書院家或學人，無論主張復古變革或博雅致用。「經世」的取向也都格外鮮明，
實已遠超過南宋時朱熹和陳亮的「事功之辨」。而在這個層次上，他們的理念
其實都在於所謂道德之體性的「客觀化」問題，亦即是此間的盲點已然不是
道德形上學之爭，而是湧現著如何將儒家的道理想主義，透過教育與具體作
為，進行安頓客觀世界、有效的規範現實。此一志業，勞思光即界定為一「文
化秩序觀」：

> 如此，通過此一創造活動，客觀世界本身即有一改變，此改變即是
> 受道德理性之鑄造而由自然存在漸化為文化性之存在（此處用一
> 「漸」字以表此種轉化並非可完全圓滿者）。道德理性轉化客觀世
> 界，故即稱為「道德理性之客觀化」，蓋「客觀化」者，謂「道德理
> 性」使自身成為客觀世界之一部份而已。當客觀世界受道德理性之
> 轉化而增多其存在內容，成為文化世界時，其所增者即道德性客觀
> 化自身之成果也。〔註204〕

此一基本意向，自從孔子私家講學，即以肯定世界，作為儒學入世精神的指
標，此即大別於佛、老二家的宗旨所在。嗣後北宋中期的儒學復興運動，即
以此作為基調，而在王門後學的流變中，此一意向乃透顯無疑。牟宗三在「客
觀化」的反省上，更遞進一層的以「客觀理想」的有無，作為這一問題的判
準所在：〔註205〕

> ▲ 宋明儒講學，無論言性即理，或言心即理，其對於道德意義之天
> 理皆極鄭重。凡脫落「天理」義而言心言性者，則易與佛老混而
> 有蹈空之弊。

> ▲ 根據陽明所言「致良知」、「知行合一」以奔赴一個客觀之理想，
> 這其中含有：超越之精神；積極身殉之精神；至純至簡之藝術浪
> 漫情調。

> ▲ 此超越精神與積極身殉之精神之能否具有，其關鍵唯視有無「客
> 觀理想」以為斷。有客觀理想之湧現，而後乃能具備客觀精神以
> 從事客觀實踐，成就事功。

〔註204〕《中國哲學史》三下，第521頁。
〔註205〕蔡仁厚《王陽明哲學》，第251～252頁。

此一判準不僅可以有效釐清儒、釋、道三家之糾葛，更可進一步批判儒學經世問題上的成效。我們在學統一章中，曾以「學習範疇」的理念，談到書院教育實以四書五經的陶冶及訓練，以達到規範現實的作用，此即是宋明儒在「義理規範」上的成果，此一底蘊即為有文化意識與客觀意識。但此一精神的轉折，實不盡理想，泰州派的流弊，也正是忽視了此一規範的理想性，而致使「客觀化」的成果，在許多誤解及詮釋中相互砥消。明末清初自覺的「經世」問題，事實上也正是回歸到「客觀理想」與「客觀精神」同時透顯的主軸，惜哉「客觀環境」的高壓與懷柔氛圍，致使這一批導及理想，又蒙受長期的制約，此大為治思想史學人所感慨者。

另一方面，以顏元所鼓吹的「事功之學」，在當時和今日學界的爭議更大，其期勉於有識之士以事功經世的憂患之心，相當可取，尤其洞見新儒家在道統觀和講學流風的弊病上，可謂批評劊切：

> 今彼以空言亂天下，吾亦以空言與之角，又不斬其根而反授之柄。
> 我無以深服天下心而鼓吾黨之氣，是以當日一出，徒以口舌致黨禍；
> 流而後世，全以章句誤乾坤。上者只學先儒講著，稍涉文義，即欲
> 承先啟後；下者但問朝廷科甲，才能揣摩，皆鶩富貴利達。浮言之
> 禍甚於焚坑，吾道何日再見其行哉！〔註206〕

顏氏講學的自許，乃有「朝廷大政，天下所不能辦，吾門人皆辦之，險重繁難，天下所不敢任，吾門人皆任之。」的經世豪情，其自許也有言：「如天不廢余，將以七子富天下：墾荒、均田、興水利。以六字強天下：人皆兵、官皆將。以九字安天下：舉人才、正大經、興禮樂。」此一張本固有其理想，但他以三代為依據，由「復古」以求經世的訴求，卻實有務須斟酌的所在。例如其經世張本所據的《存治編》，正鮮明地表現此一蘄嚮，而於井田、封建、學校、治賦、徵舉、異端……但皆大體勾勒，是否有資治道，仍有問題；唯於主張恢復「宮刑」，大靖「異端」二點，實顯其妄斷與偏見，所謂「封建必復宮刑，不封建亦必復宮刑」的言論，認為太監之需求，猶備帝王后宮之所需，此其因復古主封建，又必須結合嚴刑峻法的主張：

> 吾所謂復古刑者，第以宮壼之不可無婦寺，勢也，即理也。倘復封
> 建，則天下之君所需婦寺愈多，而皆以無罪之人當之，胡忍哉！且
> 漢之除宮刑，仁而愚者也。漢能除婦寺哉？能除萬世之婦寺哉？不

〔註206〕顏元《四存編》，世界書局，第44頁。

能除婦寺而除宮刑，是不忍宮有罪之人而忍宮無罪之人矣。〔註207〕

再者，更進一步的主章徹底消滅佛教，才能作為體現「先王之道」的諦域，而有禁毀佛祠、僧道、尼姑「人其人」，皆令還俗，「不足者以妓繼之，俱還族」，以及「火其書」，誅言惑眾者，以及重新洗腦教正等，一反人情常理的主張。這種剿滅異端的作法，不僅驚世駭俗，但若以其憂患所在而言，則其衛道之心，實可理解，這一苦心憂患，可以他和學生李恕谷的對話為記：

> 先生自幼而壯，孤苦備嘗，隻身幾無棲泊；而心血屏營，則無一刻
> 不流注民物，每酒闌燈，抵掌天下事，輒浩歌泣下。一日，與塨語，
> 胞與淋漓，塨不覺亦墮淚。先生躍起曰：「此仁心也；吾道可傳矣！」
> 是以比年從遊，勤有啟示，塨因得粗知其略。〔註208〕

由此顯見此一「顏李學派」的教育宗旨，乃一反書院講會，只側重心性義理的探索教風，反而昌明「以鄉三物教萬民」，即「六德」、「六行」、「六藝」而言；兼括內在修養、人倫踐履、知識技能三點，尤其是特重「實習」，以明世務的基本訓練。所以他心目中的文化人格理想，必須為一經世致用的全才，而非一時高談闊論之士，《存學論》有此一定義：

> 他不具論，即如朱、陸兩先生，倘有一人守孔子下學之成法，而身
> 習夫禮、樂、射、御、書、數以及兵農、錢穀、水火、工虞之屬而
> 精之。凡弟子從遊者，則令某也學禮，某也學樂，某也兵農，某也
> 水火，某也兼數藝，某也尤精幾藝，則及門皆通儒，進退周旋無非
> 性命也，聲音度數無非涵養也，政事文學同歸也，人己事物一致也，
> 所謂下學而上達也，合內外之道也。〔註209〕

凡此種種切實的批判，實為儒家在客觀化的精神表現。但是否能真切地開出客觀理想，並結合客觀環境，在其學理和教育中，卻又出現了非迂即僻，無法實行的復古之病。不僅時人以為不可，如李晦夫謂其「顏元立朝必蹈矯激之僻」，而他的得意門生李恕谷，也在此一教風中有所反省，謂其「少不迂闊，而已流雜霸矣。」此學派之所以曇花一現，不能開啟清代經世學的宏規，龔鵬程遂評其「迂闊而不近事情」：

> 但事實上義理辨析固然不易，但講經濟事功者，要熟於人情世故，

〔註207〕顏元《四存編》，世界書局，第 123 頁。
〔註208〕同上，第 109 頁。
〔註209〕同上，第 48～49 頁。

通古今之變，明事類之賾，斟酌損益，實遠比純粹理性思辨困難得
多。非有閎識遠謨，不能善言經濟；非知類通達，不能綜理庶務。
而庶務龐雜，涉及專門，亦非僅誦言仁義忠孝等道德原則者所能知。
如言井田，涉及土地資本經濟等學問；言治賦，需要財稅知識；論
學校，屬於教育學；論封建，必須具備政治學素養。儒者空談三代、
祖述堯舜，但真能兼備政治經濟教育學之素養者，殊不多見，只能
搬弄一些倫理學的名詞與知識，怎能有效論論這些政治法律的兵農
錢穀問題。〔註210〕

這一提示，也點出了所謂的以古法為尊，當本之其立意與精神，而非成套因
襲「橫的移植」以求解決問題。再者必須兼顧到「損益」、「制宜」以及切近
「人情」的層面，否則徒具經世情懷，而不能有效通變達用，尤其是忽略了
各門專業知識，如何與學術思想之間的對應關係，勞思光仍就基源問題思考
的二重標準，予以案斷：

恕谷與習齋所以如此強執「周禮」為標準而論「學」，其原因可由兩
面說明。其一就歷史標準說，顏李皆未能考訂古籍之時代真偽，不
知「周禮」乃戰國人所擬想之制度方案，而以為真正代表所謂「三
代」之古制，故信之不疑。其二就理論標準說，顏李皆不了解學術
思想之獨立性對文化發展之意義，故總以為宋明講學之風是一大
弊，於是以為知識份子皆應致力於「六藝」（此指「禮樂射御書數」
而言），方是有「實用」；不知社會進展中，分工原則為不可少者，
而分工原則下學術思想之成為專門之業亦屬必要也。〔註211〕

這幾大盲點，誠是本文所以不取顏李一派，作為事統教育哲學代表的緣由。
不僅相較於當時其他路向的學者而言，也是觸及到儒學內部，往往在經世問
題上，也有大多類同顏元之學的通病。這一經世取向的思維，往往昧於史觀，
而侈言三代的理想圖騰，其例甚多，如王莽、王安石之以《周禮》治天下，
或如王船山在《宋論》中批判林勳、賈似道的土地政策，皆是此一流弊。晚
近如太平天國、孫中山、劉師培、熊十力者，也多對井田一制有所獨鍾，此
又非偶然也。這些現象都所牽涉的問題，不外乎是針對儒家經典的詮釋和運
用問題，以及史觀立論與時務內容之間的差距問題，或者是儒者自身的涉世

〔註210〕《晚明思潮》，第307·308頁。
〔註211〕《中國哲學史》三下，第778頁。

閱歷、或欠缺政經知識的素養問題，或者針對「法」的不信任傾向，率皆緣此而來。龔鵬程遞進一層指出「封建／郡縣」、「均田／私田」、「兵農合／兵農分」，乃是古代儒者對國家體制與經濟制度的基本思考範疇，祇要談到儒家思想的實踐問題，就必然要討論到這些。〔註212〕因此在論及儒學客觀化的理想上，其中潛在的矛盾與糾葛，實有必要作一鑑別。

從書院的角度而言，也就是說「事統」教育哲學的癥結，已不獨為「經世致用」的概念，所能孤立的詮釋，而是兼攝著「人統」與「學統」的教育哲學而來。所謂強調儒學的「實踐精神」，應當包含了外在的實踐性，乃指政治社會之改革與實際作為，以及內在精神修養上的踐履意義，方可受用於身心性命之安頓。這兩者的有效結合，才能達到真正客觀化的義理境界。否則儒者乾脆與「百工」，作一區隔，純就錢謙益所謂的「夫儒者之學，函雅故，通文章、逢衣博帶、攝齊升堂，以為博士官文學掌故，優矣。」〔註213〕只當職業學者，而不復問其他體國經野的政策與專業。此一思考，即是本文一開始在批導「人統」和「學統」問題時，所強調的「理分」觀點；儒家淑世的慧命常規，也正是此一理分觀的確認及堅持。在人倫庶務上，書院教育的可貴也就是講明理分的本質、內涵，以及如何在人倫綱常與工作崗位上，充分且必然地，實現此一精神，亦即是「具體理分」的完成。才能不餒於心、安於所處、俯仰無愧；而所進言的「事統」精神，正是以充分體現「人統」和「事統」理念的目標作為歸宿。格、致、誠、正的義理所在，也恰為修、齊、治、平的當然所在。

這也是本文所關切的「經世」問題，到底其外延與限度的考量，以及前述的專業性職分的歸宿問題，必須有一恰當而如實的說明，否則儒學經世的問題，就勢必面臨兩難式的困境。本文的立場，乃強調儒學的經世思索，當以「理分──具體理分」的實現，作為價值取向的所在。進言道德主體的客觀化理想，才有必然性的依據，同時又必須滿足如下的幾個要點：

▲ 須有入世的抉擇及志業，且此一志業須有事業基礎及條件。

▲ 須有相當程度的經史素養，尤以博洽之學最為諦當。

▲ 須涉及世務，不避繁瑣，當能有所損益，因況制宜，而避免迂闊及泥古不化之見解。

〔註212〕《晚明思潮》，第324頁。
〔註213〕錢牧齋《初學集》卷二十三，〈嚮言上〉，四部叢刊初編縮本，第239頁。

我們不能片面地以「事功」的有無高下，來據以判定經世成就的結果，一如世俗所謂「成功」的概念，本身即沒有一定的標準。如果在理解上能以上述的基礎，再對照本章在論述「事統」教育哲學的處理方式，也比較能作一同情的了解與持平的看待。

書院教育，不僅可以視為理學所建立的文化制度，也是作為儒家客觀理想的表現，故有言「慧命常規」之旨趣。而所蘄嚮開展的文化秩序，實也以書院教育為中心，兼啟講會、學田、乃致鄉約制度的社會傳播層面。其仁心布護、身任民物之重，在化民成俗、開物成務的影響上，遠非純就儒學自身義理的檢討所能概括。然則討論儒家問題的學者，往往忽略了長期扮演教化功能的書院教育，以及這些教育家他們在朝在野時的政績與措施，是以「經世」傳統的探討，就顯得不盡人意。

事實上辦一所學校，而且是有其客觀理想的學校，並不是一件容易的事，誠如前文所描述的，由覓地選址、擇師招生，以及經費的開源節流，這些事務都極其繁瑣。甚且又牽涉到與地方人士、風氣的傳達、溝通問題，進而在教學成果的整理、出刊、傳播與經營上。每一個環節，無一不是經世問題的範疇；並且許多書院又與官方有著互動或合作的關係，上位者也往往不能忽視這股力量，尤其在名教和清議方面的立場。更何況書院的興衰消長，又可作為時局和世風的指標，書院愈盛，正表現了體內本身已有嚴重的積蔽，進一步地也和社會運動、政治運動有所關涉（例如明末的東林和清代後期的嶽麓書院）。再者，由書院講學中獲得的許多教學成果，在後世也可以擔演啟蒙與改革力量的張本（如浙東學派的作品，或嶽麓書院的教學成果），凡此種種，難道都不屬於經世問題的「有效範圍」？如果再以事功的標準而言，則明代的王陽明、清代的魏源、賀長齡、陶澍、左宗棠、曾國藩等人的成就，也既見前述。因此泛論經世，如果只從學理上批判或逕行架構，而忽略了「書院」此一型態，在事統意義上的價值，則新儒家在淑世教化上的長年耕耘，就易於輕率的予以抹煞。

本文認為這樣的理解，不外乎今日儒學長期聲光甚闇，甚且一般儒學的立論，往對於書院教育的理解有限，每每「一筆帶過」；而研究儒學者，往往祇能在學院中講授，作單向的傳習，而不能如宋明儒者，借重書院講學，以學術獨立、經濟自主的理想，直接和社會、政治層面，作多元的互動交流。再加以今日文史哲分系之下，不僅廁身冷門學科行列，並且在知識真理的標

準上，往往以西方的架構為依歸（即便是『教育哲學』的研究亦然）。這些窘態再加上資本主義當道的時代氛圍下，吾人的宇宙觀不獨破裂，甚且陌生、異化，又何能體認到傳統書院，立足名山事業的視野。所謂的道體、天人合一、道德的形上學種種，皆斥之如敝屣，在這樣貧瘠而單薄的論述基調之下，所謂的「經世」又從何談起？

這一層的感慨，其實正是一番教育哲學的省察，最主要的癥結，仍歸宿於文化人格的健全問題。書院教育的可貴，就是他格外看重理分的「當然」與「應然」，透過三統之學的等量齊觀，進而對於民族文化的整體「生命──社會──歷史」的三個維度，有所具體探索與再現，進一步開啟本章所關切者，亦即是「社會──傳播結構」的論題。

我們在本章中曾就「講會」制度本身，可以提供一個社會傳播上的理想結構，以達到「傳者」和「受者」之間彼此互動、分享的模式；然而這樣的設計，仍需對觀一般中國封建傳統下的社會組織，其傳播活動事實上乃不盡理想，吳予敏定義為「枝幹型」的社會傳播結構：

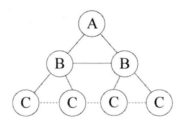

這一社會傳播結構，體現在傳統中國的社會組織，特別是國家機器內部的傳播活動之中。A，是特定組織結構的最高主宰（君、父、師、首長等），同時也是整個組織的信息總匯，以及總發源地。信息通訊渠道的高度集中，反映了組織權力的一元化的高度集中。A，沒有與它相平行的制衡因素。A 以下的各級層次，也都按照相同的結構，來建立信息渠道和組織關係。在各層次的平行的要素之間，只存在著非主導的、非正規的、時隱時現的、補充性的信息交流的關係。有些時候，為了防止組織信息的分流而導致集權的分散，這種橫向的信息交流，還時常處於被防範、監視、堵塞的境地。〔註214〕

〔註214〕《無形的網路》，第 190 頁。

在這一結構中，顯然偏重縱向的垂直性構通，而非網狀制衡型態，是上層高度集中，與下層普遍分散的型態，是以呈現兩極化的差異。因此傳遞者不再是個體，而是超然意志的集權。上層者以教化、引導、規範、制約作為傳達的內容，下層者則需以「順從」、「認同」作為回饋。這在中國體制中，往往表現為「政教合一」，維繫於高層的隱定狀況，也是唯一的正規的信息供應站。在傳播網路上，上情和下傳之間，並不是真正可靠的信息來源，其缺點約有如下數端：

▲ 造成社會的高度集權統一，而由於橫向受到遏制，使得社會失去了制衡機制，上位者有時卻試圖加強監察或特務系統，以彌補此一環節，但往往適得其反，造成失控（例如明末東林黨爭，也是相於監察系統的矛盾而來）。

▲ 社會信息的客觀真實性往往受到主觀意向的掩蔽，一旦高層失去活力及運作時，整個社會便不能維持正常運行，也不能獲得常規的重組能力。

這一架構的事實問題，也類似於科舉、官學「制約」人心與自覺的情況，因而一旦八股時文或理學，被納為「欽定」的科目時，再挾以功名利祿旳附加價值，則士風與價值觀的取向，就不免失去了批判與檢討的功能。這些盲點也多為書院家所關心，進一步地觸及了整個政體組織的檢討問題。吳予敏並提出了一替代性方案，亦即是「網絡型」的結構：〔註215〕

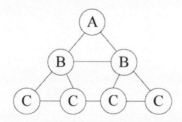

他保留了前者的特點：「集中」，但又濟以「制衡」的功能，也就是強化了底層之間的橫向水平溝通，所以每一組成單元，皆可在上下左右中產生信息交流與彼此制的功能。信息與來源，可靠性大增，且一旦某一環節出現阻滯，也不致於其他部分陷於無所適從的窘態。然而此一圖式吳予敏認為乃一假定，在事實處境上他補充說明：

〔註215〕《無形的網路》，第197頁。

中國古代社會理由於各社會組織按照家族法則組建，國家制度又實行君主集權的科層化制度，為了維護最高權力的穩定和正常繼承，必須嚴格防範社會組織的其他部分的聯合，嚴格防止能與最高權威相抗衡的力量實體的產生。因此，在傳統社會裡，不可能建立起正規的橫向交流網絡，更不可能建立超然於權力中心之外的信息收信發佈機構，社會信息的發佈與集權結構必須合二為一。〔註216〕

這個實況，也相當於中國傳統中「獨立人格」的表現不易，誠如我們在「人統」一章中，提及的文化人格，勢必立足於社會倫理等重要制約之中，因此個性發展與獨立行世的自覺，顯得較不顯著。再加上中國讀書人往往隸屬於從政與功名的體制之內，附加而上的義務、權力、使命、責任，乃致於習氣、群體關係，實輻輳而為一個無形而沈重的網路。像這樣繁複而微妙的關係，自然也塑造了特殊的官場文化，以及世俗社會的價值觀，這些都是「枝幹型」傳播模式的特性，而有一約定俗成的結果。

然而書院教育的自覺與反省，正是承此而來，因此他所關切的理分觀點，並不是要全盤否定這一長期積累而成的傳播型態。他所採行的方式，也恰為事統教育哲學中，試圖批導的具體理分問題，而前述的「網絡型」模式，可視為書院教育在經世實踐上，致力發展的型態：

　　▲ 強調五倫中「朋友」一倫的相輔相成作用，即透過以文會友、以友輔仁的理念，使君臣、父子、夫婦、兄弟之間的理分充分實現，這就是東林書院所謂的「眾學之益」。

　　▲ 藉由講會制度，與鄉約制度，強化了社會的「橫向水平溝通」，尤其是在「情境」和「媒介」上的共享共存，可促進社會信息的檢證、流動，以及人格自身的自覺與獨立曳考。特別是講會中形成的社會清議功能，以及鄉約制度的守望相助意義，可以不全然地受到上層傳播的絕對制約，並可具備平衡的功能。

　　▲ 由書院教育所結合的「三重空間」，以及學田制度等經濟獨立的條件，此一教育情境，既可成為一陶養文化品格的場所，又可成為地方學區的「公共空間」（如楠溪流域的書院）。在社會傳播的功能上，可自成一套較為理想的慧命常規。

凡此種種，不僅具有客觀的社會模式，又有現實上的事業基礎，所以一旦書

〔註216〕《無形的網路》，第 198 頁。

院培養出來的學生，能在中央擔任要職，此一股隱性且民間自主的力量，就能大行時風。如王陽明、湛若水的客觀成就，就有助於書院客觀理想的建樹，並且對體制內的改革有所借鑑。例如朱子的白鹿洞學規，其後即為官學廣泛採行，王陽明的鄉約及牌法，下迄至清代而為官方定式，而魏源、賀長齡等人在清代的地方建設，更有助於經濟和時務上改革的效率。例如賀長齡在窮山惡水的貴州巡撫九年任內，不僅大興書院文教，更在貴州大力推動經濟改革，作為民生所需的基層建設。

而魏源除了前文的經世之學的地位之外，更親自參與了築壩、建堤、團練等工作，學理與事功合一之舉，更是其人在具體理分上的完成。更鼓舞了其后同為嶽麓諸生的曾國藩、左宗棠、胡林翼等人的效法及實踐，此又為人統與事統教育理念上，相輔相成精神的魅力所至。

總而言之，事統教育哲學的目的，旨在以經世致用的理念，並結合社會傳播的理想模式，以成就其客觀理想，此一理想，當為一「內聖外王」相埒的「道德政治」〔註217〕以及文化秩序。總而其歸宿乃立足於書院教育中，特重具體理分的觀念，啟迪學者在「當然」與「應然」問題上，有其自覺與實踐的能力。所以由北宋胡瑗將教學以「經義」和「治事」分齋並的啟發，到陸九淵在白鹿洞書院揭示「義利之辨」，以及朱熹、陳亮的「王霸之辨」，皆已開展了事統教育哲學的思考及訓練。尤其是張栻所推動的湖湘之學的經世傳承，影響至鉅。有效兼攝了「人統」與「學統」的義理精神，並且以嶽麓書院的「文化人格」陶鑄與發皇，最為卓絕。

在此一事統精神的脈絡上，我們可進一步地歸納書院在事統教育哲學上的特點，有助於我們具體彙整中國「大學」理念的基礎：

1. 培養學生善於體會「心理」、「物理」與「自然」三重空間的關連，以及寓意其中的哲學氛圍與宇宙情懷。尤其是書院家在建築空間的意匠經營上，每每體現出一貫的教育哲學精神，並由於時時刻刻反省理分問題的所在，這個特點，更是書院思想，大異於其他學術體系的所在。

2. 由書院中的「會講」訓練課程，可培養學生獨立研究，以及學思駁辨上的能力。再加上「講會」制度的推廣，可鼓舞學生自組學術團體或公開演講，推動學風的能力。例如清末的嶽麓書院與湘

〔註217〕《天道與人道》，中國文化新論系列，聯經出版，第 245 頁。

水校經堂，即有自組學會、自辦刊物的風氣，而其后民國初年蔡元培推動北京大學，一系列思潮解放的自由學風，也在這一點上有所相應。

3. 以書院為中心，扮演地方上的文教傳播重鎮，可形成民間自覺自主的「網絡型」模式，進而帶動地方性或政治性的改革運動。如清代嶽麓、校經堂和時務學堂，啟引湖南新政的意義，或者如東林書院在政黨方面的影響，以及台灣文開書院引領鹿港文風，或仰山書院之於宜蘭文教的裨益。

4. 書院中強調的「朋友一倫」的相輔相成之義，可鼓舞師友和同儕，在學問和志業上共事的理想與抱負，其潛力與成就，更是不容忽視，如朱熹、張栻和呂祖謙等友人，在南宋開啟的理學大盛一時，曾國藩、左宗棠等人在軍事和時務上的貢獻，以及清末譚嗣同、唐才常等人的革命事業。

5. 藉由書院自身演變的歷史經驗，有助於教育改革的啟發及視野，不僅因為書院形成的教育文獻眾多，更是集中歸納出來的一套，由修身到入世，並兼具高深學問訓練的教育型態。並能兼顧到社會傳播層面的互動關係，因此，相較於其后採行分科教學的新式學堂教育而言，書院教育實有承先啟后的角色及意義。例如嶽麓和白鹿洞書院的沿革，本身可提供的實例就更多了，這一點尤為中國教育史所看重。

在整體文化人格的陶冶上，事統教育可說明驗收及體現「三統之學」的一大關目，除了本章所引介的書院案例之外，張君勱格外推崇日本陽明學，表現在實踐和外王事功上的特性，尤足為國人見賢思齊：〔註218〕

▲ 日本學者對於朱王兩家，絕不偏袒。

▲ 日本王學對於「知行合一」與「即知即行」八字，尤為著重。言而不行，日人引為深恥。

▲ 日本人對於道德觀念如忠君愛國，如弔民伐罪，視之為一種理念或柏拉圖之意典，盡量從真善美方面做去，絕對不許加以污點，故「知行合一」云云，竟與「置生死於度外」同一解釋，尤為善之理念化之至者。

〔註218〕《王陽明哲學》，第248頁。

▲吾國宋明儒家非不知殺身成仁，如文文山、陸秀夫之死，如東林志士之死；或為亡國以後不願降志辱身，或以言官犯顏敢諫，其死仍為消極的。而（日本）吉田氏之開國勤王，西鄉氏之務勤遠略，以自己之主動，造成一種局面，而身殉之，其死為積極的。

▲日人本其所信，各主張其政策，因而有彼此政見之爭。然開港、鎖國之爭，繼之以勤王；征韓、反征韓之爭，歸結於內固國本；乃至憲法既行，在朝之保守者與在野之激進黨，終能協調於政黨政治之中。簡言之，雖爭而不至動武，不至動搖國本，猶之朱王門戶雖分，而不失其為「道為天下之公，學為天下之公」之根本道理。

倘能在日本理學發展，這一方面的啟示上，加以檢視書院教育自身的不足之處；則於所謂的經世問題上，秉以文化人格之宗旨，加以持之有恆，則書院在事統成就的影響上，當可百尺竿頭、更進一步。

第陸章　結論：中國書院對於大學與教育的啟示

　　在中國的教育史上，書院的興起與影響，不只是代表了讀書人之於學術與教育改革上的意見，也反映了私學傳統，如何在體制中的興廢繼絕；尤其是立足於科舉、官學的交互影響，以及在社會層面的傳播上，新亞書院創辦人唐君毅認為「書院」此一環節，實乃觸及了私學與官學，彼此互動與與取代的規律：〔註1〕

> 我們可以說在中國教育史上，凡新興的有朝氣的學術與教育，初皆是私學，此是第一點。但私學盛行到某一階段、某種程度時它便要求成為官學，此是第二點。私學一旦成為官學，官府用它來考試，學術只成功名利祿之途，一門學問跟著便衰落，而其他私學再興起，這是第三點，這三點可說是三部曲。……，如以新亞書院為例，以前為私學，現在成為政府的中文大學之一員，也慢慢地成為官學；是否亦會走到上述之第三階段，並如何避免走到第三階段之終局的危機。在我看來只有一個辦法，即使中文大學或新亞書院在形式上雖是官學，而仍當繼續保有原初之私學的精神。

然而書院自身也因為此一發展規律，理應有「共同基源問題」，以及不同階段的「個別基源問題」分殊。宏觀檢討上，也當有一個基本的分期，以說明事實上書院的發展，並非單線流動，而是在不斷探索與應變之下，有其不同的

〔註1〕　唐君毅《中華人文與當今世界》下冊，學生書局，第 169 頁。

問題，則是延伸而來的問題。

　　是以在書院教育的實踐上「講明學統」，即為有效確立三統之學的主要關鍵，一者可以考鏡學術源流，二來可以還原「希聖希賢」的本質，並進而一貫地將所思所學，落實於「經世致用」的層面。唯能如此，才可有效地將書院作為「教育改革」的原點，一方面批判官學與科舉的積蔽，並予以有效的疏導和改良（如書院學規、教材、讀書法等納入官學體制）。再者更能適時更新書院自身的盲點與虛歉所在（如顧憲成、劉蕺山、黃宗羲、全祖望、阮元等書院家的改革），才能有效對治「末流」與「痼疾」的缺撼，回歸在「基源問題」思考上的意義，與「教育哲學」的論證上，取得一貫性。

　　在第二個判準上，書院的興起與推廣，正是提供了一個檢證「學說思想」是否足以普遍施行的契機。因此無論是理學或心學式的教育，或者純以研究法作為宗旨的考證之學，都勢必透過「書院」作為實驗與踐履的場所。在教育實踐的歷程中，逐步修正或者充實學說自身的內涵。例如北宋以來「四書」普遍的施行於書院，遂能開展了理學教育，在認知上和價值取向上的主導性地位，並以此為中心，設計出相互連屬的規約、修養法則、以及教材。甚而對於經典詮釋上的熱衷，與學派之間「會講」、「講會」的風氣之下，有助於「究元決疑」的獨立思考，以及較為健全的文化視觀。讀書與修身實踐的體用關係上，才有相應與浹洽的可能。尤其是在講明正學、希聖希賢的理念下，書院家憂患感的表現，以及書院中普遍共識的「同志之會」，都實有東林書院所謂的「眾學之益」。在「群」與「倫」的關係上，文化人格的價值自覺，可作為書院理想的「開放性」特點所在。例如《中庸》的「時中」精神、「慎獨」大義，可視為中國文化的「內在法則」；而《大學》之道的三綱領、八條目，不僅是學習範疇上的旨趣，更足為文化人格的「外在模式」，內外兩者形成了一組「理與分」、「群與倫」的邏輯架構：

　　　　在《大學》的三綱領八條目中，明示了一個文化模式，那就是從個
　　　　體人、家庭人、社會人、國家人、世界人，止於宇宙人的「群與倫
　　　　邏輯架構」。一個文化模式的產生，常與形成它的時代背景有關。
　　　　孔子從周制，周朝時代的人群結構，尚未分化出「社會」層界，所
　　　　以《大學》的原形架構中，在個體人、家庭人與國家人、世界人之
　　　　間，尚未列入社會層界的社會人。相對於「個體人」；家庭人、社會
　　　　人、國家人，都是「群體人」。《中庸》裡所講的君子之道，就是群

體人之道，且以做群體人為中國文化的取向和價值指標。〔註2〕

此一架構，實為理想「文化人格」的梗概，因此《大學》中昌言的「親民哲學」，一者有群體「親和」，同胞友愛之義，或解為革「新」教化群眾的「新民」理想，率皆以自身主體的自覺，作為推動群體提昇的「止於至善」信念。因此紀剛乃肯認此一關懷群體的自覺理念，即為「憂患意識」與「群體意識」的體現。而「內聖」「外王」的理境，不僅揭示了人與宇宙自然為一共同體，人與人際之間的彼此關涉，不僅不走「絕緣」與「孤立」的價值取向，更亟於正面地開出人性與人格的經世宏願，以此作為主張。書院固然選址了名山勝水作為培育人才、俯仰宇宙的教育場所，但是他並不流於中國傳統士人的「仕」與「隱」之間的矛盾性格，或者如佛、老的出世抉擇；反而以「理分」觀、「群倫」觀，在講會或鄉約等事統精神上，作為「規範現實」的藍本，因此得以有效的設計，一套價值自覺的文化人格學問。

在第三個判準上，書院是否能夠作為儒家入世的實踐典範，亦即為書院中所堅持的道德理想，是否能夠真切而具體可行地，達到內聖外王問題的解決？此則涉及了書院教育哲學中，「事統」一義在「經世致用」的問題上，所開展的「經世之學」與「經世致用」的格局。誠如「事統」一章的評價意義所在，我們斷不能貿然地純以「經世」之蘄嚮，而試圖全面地移植「復古」的歷史張本（如儒家素來信奉的「三代」理境），但也不能類似其后五四新文化運動，在典範轉移的革命浪潮中，無條件地接收西方在政經與學理上的制度與經驗。這兩種偏見都實為「橫的移植」或「片面性的繼承」，不能如實地解釋與解決時代的問題，反而易於捲入一切不相干的事端，或者意氣之爭，不足以消融事理上的精髓及獲致啟發。嶽麓書院無疑地在這一點上，有其留意與用心，因此在他的內向傳習層面（如課程單元、教法、教材、研究風氣上）或外向傳播層面（如創辦湘水校經堂，師生在各類學會、報業、新學堂，以及政經方面的參與上），皆能保持鍥而不舍的態度，以及希冀透過教育一途，扮演時代趨勢的指標，以及學理與時務上的並行不悖。遂能成為清代以迄民國初年，在培育明習時務，卻又兼重學養的人才重鎮。在改革與革命的積業上，足有「衝決網羅‧滌盪舊物」的風慨與豪情。就這一特點上，比觀其他同步銳意革新的書院風氣，例如詁經精舍、學海堂，以及康有為、梁啟超的萬木草堂、時務學堂的價值取向，都能看重新舊學理的傳習、探討，以及學術活動

〔註2〕 紀剛《諸神退位》，允晨出版社，第23頁。

與社會風氣互動的關係。在書院「事統」的追本溯源上，這一層信念，自然的也能銜接上書院在奠定社會傳播模式上的立意（以講會制度的立意及影響最著），才能扮演政治和社會既定結構中，一個調整「輿論」、「民意」，以及「世風」的中介環節。所以由書院的講學與發展的清議，自是主政或當權者不容忽視的「隱性」力量。歷史上幾度的書院「禁毀」主張，或如書院家蒙受所謂的「偽學之禁」，所掀起的社會聲浪和代表更是無與倫比，如程頤、朱熹、湛若水、顧憲成、高攀龍等書院家，都曾身歷這種言論與思想自由箝制與阻撓，但卻增益與彰顯了他們人格和教育理想上的價值所在。他們身後的改革與政策上的影響，官方之於書院的立場，也不得不加以妥協或者合作。

　　這一人文精神的展示歷程，實為書院教育中格外強調「究元決疑」的本色，不獨為格物致知或即物窮理的認識取向，具體地以「理分」問題的思辨，延伸為針對許多制度面，以及方法面的反省以及設計。例如浙東派書院的教育理想，在經世之學的「博雅」和「專門」學理上，都能相輔相成，而同以文化人格的道德理想，作為應世堅持的立場。所以在儒家發展史上，倘若忽略了「書院」教育一環，在中國文化史上的定位及貢獻，對於「外王」問題的檢討，恐怕都會減少一個思想如何客觀化、具體化表現的歷史經驗。而這一經驗，正是「儒學──儒教」之間重大的「慧命常規」，在一千多年的傳承上，書院自然得以提供一個較為理想的入世典範。

　　在這三大判準之下，書院以「三統之學」作為教育理想的特點，當可明白曉暢。而就本文的結論而言，書院最具貢獻的價值，乃在於此一根植於中國本土的教育理想，實以文化人格的陶鑄，以作為中國「大學」精神的最佳詮釋，在中西方大學理念的對照之下，此一義蘊更可獲得彰顯。再者由書院家蔡元培和錢穆，為現代中國的大學教育，嘗試的轉型及創發，更寓有教育哲學上的啟示。因此本章乃以由「書院」到「大學」的理想追尋，以及「文化人格」的整體建構，作為總結及述評。

第一節　西方大學的理念與書院教育之比較

　　「大學」一義的起源，在中西方都有其歷史上探索的脈絡，教育史上現代大學的直接源頭，則導源於歐洲中古世紀的大學，〔註3〕例如法國的巴黎大

〔註3〕　金耀基《大學之理念》，時報出版，第3頁。

學、義大利的勃隆那、英國的牛津、劍橋、德國的海德堡、科隆等，都是中古大學的佼佼者，也都寓有深厚的歷史人文傳統。尤其是中古大學與宗教不能分立，二者實有密切的關係；由早期的寺院型態、十三世紀的教堂型態，之后才成為基爾特性格，〔註4〕並從宗教中逐漸解放出來，逐步成為今日主導學術與科技的教育主軸，遂為今日一般大學之通義與定式。

然而西方大學的成長與探索歷程，並不是一開始就具備著今日慣以「學術自由」、「學術獨立」與「學術倫理」的特質，而是在宗教、政治、商業與世俗層面等種種制約下，不斷地有其掙扎與堅持教育自主的漫長歷程。如何以大學作為人才的「性格之模鑄」，抑或為「知識金廟」中，從事於「創造性的學問」，都是許多有志之士，致力為大學的理想與性格，賦予時代新義，以及深化傳統的心血。

一所大學的理念，不外乎是奠基於學問傳授、知識發展，以及人格與人才的培養三大任務。古今許多西方學人所關懷與探求的大學精神，也不外乎這三大基礎，例如佛蘭斯納強調研究與發展知識的重要，即為大學所以是「時代的表徵」，因此他主張大學教育，應著重探討「物理世界」、「社群世界」與「美藝世界」的種種知識。德國哲人雅士培的《大學理念》一書中，則力主大學乃是一師生聚合，以追探真理為鵠的之「社會」，此一師生聚合的特點，即兼含三個主要單元：〔註5〕

　　1. 學術性之教學。

　　2. 科學與學術性的研究。

　　3. 創造性的文化生活。

其內涵則可視為大學精神的基本勾勒：

> 雅士培特別強調大學是一「知識的社會」，也以此特別強調學術自由與容忍的重要。同時，他也肯定大學教育之目的在模鑄整全的人。這就是他所以主張在教學與研究之外，大學更應措意於創意性之文化情調。從理想上說，師生之間應該有蘇格拉底式的對話。雅士培重視大學之嚴肅與獨立性，以大學為「國中之一國」，但他不以為大學可遺世獨立，故他極力主張把「技術」引進大學，並以為技術在大學應佔一中心位置。〔註6〕

〔註4〕 金耀基《大學之理念》，時報出版，第4頁。

〔註5〕 同上，第7頁。

〔註6〕 同上。

在這一特點上，大學教育的旨趣，實與書院中學統精神的「究元決疑」理念一致，因此了解事物的整全性、大學的整全性以及組織的整全性，是他一貫的信念。尤其斯書乃成於希特勒統治階段，德國在政經與大學教育受創至深之際，他以其哲人的智慧，反省大學理想往往甚難自外於政治與非關學術的壓力之下，籌思人類學問探索的應然路向，誠為可貴之處。

　　這一人格培養上「整全性」的看重，又如劍橋哲學家懷海德所呼籲，大學教育應該吸收「科學」與「技術」的相關性，他認為學者倘若單單了解事物之抽象原理是不夠格的，「當你完全了解太陽、大氣層以及地球之運轉，你仍會錯過了落日的霞輝。」〔註7〕這一層次的提醒，乃為調整西方傳統上的「博雅」教育與現代化之後「專門化」教育之間，長期對立的問題，試圖賦與「技術人文主義」的新義。人才的養成，不獨為教學與研究上的啟蒙與培育，更涉及了大學教育與社會、時代脈動的對應關係。艾雪培在這一點上的看法十分重要，尤其是在「人文」與「科學」對壘上，他認為「技術」一環的重要，可以扮演有力的媒介，並賦與人格教育上較為充分而健全的視野：

> 他認為「技術是與人文主義不能分開的」。他指出技術可以吸納大學的傳統功能以接上新的時代。何以故？因為技術是與人及社會汲汲相關的。他說，技術不同於科學，科學方法之特性是把人的因素消減到最大限度，科學雖不反對人的價值，但它在研究的過程中，卻必須消除人的價值之判斷，以免影響科學的結論；反之，技術則是把科學適用到人與社會的需要上去，因此，不管技術家或技術人員喜歡不喜歡，他都必須考慮人的問題。它不但不應像科學那樣只為了解而了解，或者在研究中儘量消除人的因素，而且更應該且無可避免地把人的因素放在中心位置。〔註8〕

在這些關係之中，出現了許多價值判斷問題，而人的變數及主題，正是一個始終充滿辯證，而具有啟發性的教育意義。猶如書院教育哲學中，「學統」和「事統」之間，勢必有所兼攝與互為影響，「經世致用」的動機與結果，主體與對象，也必與「究元決疑」者所反省的理分問題，並兼顧價值自覺上的衡量；明習時務以及掌握事理的能力培養，即有不能偏廢，相輔相成的意義。例如清代嶽麓諸生在漕運、鹽政，以及海運等方面的規劃及措施，即為技術

〔註7〕金耀基《大學之理念》，時報出版，第43頁。
〔註8〕同上，第42～43頁。

面上的意義,而魏源與賀長齡編定《皇朝經世文編》的旨趣,也寓有「學統」和「事統」彼此兼攝與出入的體認。

　　西方大學的成長歷程,其實與中國書院在基源問題的反省上,有類似的特點,同時他也勢必「與世為體」,不能始終自居於「國中之國」、不問朝暮。尤其是近代科學興盛,再加上現代企業勢力主導世局的事實,更考驗著大學自身的所「學」為何,所「用」何在?而「人的主題」又當如何予以安頓,並賦予時代新義。這些設問,在中西學術與教育發展上,都有一不容輕忽的共通性。金耀基在他整體性反省大學的理念,對於大學發展的問題,共有如下數點的歸納:〔註9〕

　　　　1. 專精與通博
　　　　2. 教學與研究
　　　　3. 學術的獨立自由
　　　　4. 象牙塔與服務站
　　　　5. 知識與德性
　　　　6. 書院的文化生活與品性之培養

這五大關目,實為諸家在衡論大學理念的必爭之地,在不斷定義與各有偏重的情形之下,事實上也緣此而樹立了,「大學」之所以名其為「大」的認識範疇。尤其是如何建立一整全性的認知,以及整體的構建,更是西方教育家全力以赴的使命。例如第一點上,即涉及了學術的分科問題與綜合性的意見,在有效避免學人「隔行如隔山」或者「見樹不見林」的主張上,許多大學都有「學習範疇」上的設計與規劃,以求「專精」與「博通」的平衡:

> 牛津之 Modern Greats 合政治學、哲學、經濟學而治之是一途;英基爾大學之將第一年定為「基礎年」,旨在探討西歐文明之背景、遺產、成就及其問題是另一途;通過科際整合之研究又是一途。至於美國之博雅教育及通識教育更是最普遍典型的途徑。香港中文大學除由大學提供專科教學外,又由書院提供通識教育亦可說是一條值得走的道路。〔註10〕

此一認知不僅是學科關係上的把握,在比較關係上,也對應於書院中看重「學統」勘定的工作,而其關懷的層面,一者有類於劉蕺山、黃宗羲之義於學習

〔註9〕 金耀基《大學之理念》,時報出版,第11頁。
〔註10〕 同上,第41～42頁。

範疇的勘定，二來也實為觸及了「鵝湖會講」上，朱、陸二家，在教育法則上的看法與主張。進而延伸有如「讀書分年日程」的設計，以及清末民初流行的「國學必讀基本書目」的規劃理念。考而其意涵，旨在界定出一個較為健全的知識人（或讀書人）必備的素養。在西方大學中的「通識教育」與「博雅教育」，甚且如美國哈佛大學的羅索維士基的「核心課程」方案，皆是具體的定義與規劃，此一原理為：

　　羅索維士基及其同事，所提出的核心課程包括五個領域，即

　　　1. 文學與藝術：它的目的是使學生熟悉重要的文學和藝術的成就，並發展一種批判性的能力，以理解人為何賦予其經驗以藝術的表現；

　　　2. 歷史：其重點在從歷史的角度觀照當今世界的主要方向，並使學生理解到過去特殊情景中人類事務的複雜性；

　　　3. 社會分析及道德的推理：介紹這二種知識中的中心概念，並養成學生系統性的思考能力，以掌握當代社會中個人及社群生活的基本問題；

　　　4. 科學：供學生接觸物理科學、生物科學及行為科學中的基本原理，並以科學作為對人對世界的一種觀察方法；

　　　5. 外國文化：旨在擴張學生的文化經驗，並對他（或她）自己的文化假設和傳統提供新鮮的觀點。從時間的分配來說：「核心課程」約佔一年、主修為二年，而選修則約佔一年。〔註11〕

此一理念，不外乎是期許大學教育不獨為訓練一技一能之士，而是學生應該對於人類知識文化有相當之了解，養成一獨立思考與判斷的能力，以及對真理與美善等價值之執著的嚮往。如是，再進一步申論大學中的「教學」與「研究」一環，則是關切著「教師」一格的確立問題，「人師」與「經師」的分野，也是由此而來。當大學的理想純然以精深的研究為重，或教師的認同，純然只是隸屬於現代的基金會或其他團體的「補助」之上，校園中師生的疏離氣氛，就不難理解。教學上的學問傳承立意，理應得以與學術研究的成果作為奧援，大學之所以為「學人之社會」，也是以此建立。然而此一環節，在早期宗教教義束縛下的階段，固然可常保師生共居傳道的生活，但在學問的開展上，則深受教義的制約，而不能有所更張與突破。教學與研究的關係，又當

〔註11〕金耀基《大學之理念》，時報出版，第65～66頁。

為學術的「獨立自由」與否所取決。所以在學統上，他必需受到教會思想的制約，在人統上，他又往往掣肘於皇室的因素，在事統上，又勢必迎拒於市場的價值取向。這樣一路「互為因果」的激盪所致，大學之理念就每每在知識真理的「象牙塔」，抑或社會「服務站」之間困惑。而在邁進現代化的「綜集大學」的浪潮之下，這幾大問題的矛盾就日益明顯。〔註12〕

然而大學教育之良窳，足以影響乃至決定，一個社會的文化與經濟的盛衰，因此大學之於大環境而言，他應以保有一適當距離作為「觀照反省」的智慧，自然不能絕對地將大學孤立與絕緣於世局變遷，但也不能純以社會服務的流行趨勢，全盤迎合市場與世俗的需求，大學應該是風向的定針，燭照社會方向為使命。因此金耀基盛稱錢穆以「三統之學」，作為學術與教育之裁量，實與西方大學的活水源頭，在理念上是相互輝映的：

> 如中國「大學」之道在明德、在新民、在止於至善，以來所建立的突出「人統」（別於「事統」與「學統」，此一看法錢穆先生有很精透的闡析）的教育理想；西方中古以來所形成的四海一家的大學之世界精神；韋伯、雅士培、蔡元培所堅執的學術與思想之自由與獨立；紐曼、赫欽士所宣揚的博雅教育；艾雪培所強調的專精知識；懷海德所珍視的想像力與實用經驗以及佛蘭斯納念茲在茲的知識之探索（研究）；葛德諾斷斷於卓越境界的論析。這些理念，無一不是今日大學的源頭活水。〔註13〕

特別是蔚為西方大學深遠傳統的劍橋「書院制」，〔註14〕實為結合了理想的文化生活與品性培養的型態，對於知識與德性的問題，能夠在「創造性的文化生活」中，浹洽而深刻的解決及體會。劍橋書院在「導修」制，以及許多「隱藏式的課程」〔註15〕上，實與中國書院在師生關係中，強調人師感化，希聖

〔註12〕今日的大學（或綜集大學），顯然比過去的大學有不少優勝之處，但同時也出現了種種新的問題，譬如通識教育與專精教育的孰輕孰重？教學與研究誠不可偏廢，惟應如何配合才可相輔相成？平等與卓越皆大學之所欲有，然則二者應如何始能得而兼之？大學不能為象牙塔，但是否應一意成為社會的服務站？大學應享有獨立與自由，固無可爭議，但大學是否應該或免於國家與社會的監督呢？「學統」或知性為主的大學中，人統或品性教育又應有如何的位置呢？大學不能不有相當的規模，否則不足以發揮充分的功能，但一味求大，以致體軀發達，頭腦萎縮，猶似恐龍，又是否真能有高度效能？

〔註13〕同上，序2。

〔註14〕同上，第98頁。

〔註15〕同上，第103頁。

希賢的理想念上，有若合符節的寓意，尤以在學思生活中，剋就文化人格的陶冶，啟示最大。

> 人是不能永遠沒有孤獨的時刻的，人需要孤獨以創造思想，以體認
> 人生，但人之為人，人之成長需要靠頭腦與頭腦，心靈與心靈之相
> 遇和對話。一個書院之可貴就在於許多頭腦，許多心靈可以不時的
> 相遇和對話。就在這種不經心的，習以為常的師生之接觸下，假如
> 年輕人能夠對偉大的重要的價值有所體悟，有所執著，那麼他（她）
> 的優異的品性就在不知不覺間發展出來了。我十分欣賞懷海德所說：
> 「除開對偉大的事物有自自然然的洞察力之外，道德教育是無可能
> 的」一句話。這也可以說唯能見乎大，立乎大，然後才能有狂有狷，
> 才能有格調（style，懷海德所用字），也才不會沉耽於追逐短暫與微
> 細的事物。書院的理念，誠如邱白勒所說，是為年輕人「提供一個
> 可以獲得整生命的最大可能的快速情境。」〔註16〕

這種感染的力量，或者名之為「精神的魅力」，而事實上大凡擁有長遠歷史與世界觀的大學，莫不是在「文化生活」上有其共通的趨向。而這點，正是大學理念至為雋永的底蘊所在：

> 牛津、劍橋固以此聞名於世，即使哈佛、耶魯、海德堡、東京帝大，
> 以及過去的北大等，亦無不在知性生活之外，尚有其豐富的文化生
> 活。文化生活常決定大學的風格，常影響學生的氣質品性。文化生
> 活簡單的說就是生活得有文化。我這裏所用「文化」一詞非文化人
> 類學所指的文化，而是指一種有文學氣質、有人生情調、有生命意
> 義的生活方式。……，但一間大學如果不能激起年輕人一些詩心的
> 迴蕩，一些對人類問題的思索，那麼這間大學之缺少感染力是無可
> 置疑的。〔註17〕

創造性的文化生活，即可歸宿於「文化人格」的陶鑄與發皇，則教學與研究當能並行不悖。例如阮元的學海堂書院教法，即以精深的研究，作為院內啟發性教法的基礎，期勉學人在「問題」和「方法」的思考養成高階的敏感度，而「專課生」的措施又近乎今日的研究所設計，「學長」共同管理制，則近乎今日大學中「教授治校」的原則。中國許多的書院教育，事實上都以強調「人

〔註16〕金耀基《大學之理念》，時報出版，第19頁。
〔註17〕同上，第17頁。

統」作為德性主體的根本,「學統」與「事統」的知所歸宿,也莫不以此為主軸統緒,西方大學中的德性與知識之間的關係,在中國書院教育哲學中可獲致有效的解決。而艾學培所主張的「技術人文主義」,也實與書院的三統之學的文化人格理想,有所具體的呼應。在這樣一個基本的教育哲學比較之中,我們可以進一步的以蔡元培的「北京大學」教育,以及錢穆的「新亞書院」,作為中國書院家在西方大學理念的啟發中,成功地開展出一套以文化人格作為理想的教育哲學。

第二節　蔡元培與錢穆對於大學教育理想的實踐

有「中國近代教育之父」令譽的蔡元培先生,在教育史上的貢獻及影響,實為有目共睹的事實。他一生的學思歷程,也恰為中國的書院發展的轉型階段,〔註18〕清末民初西潮紛至沓來的局勢之下,國內廢除科舉,改良學制的聲浪,不外乎以西學作為圭皋,各種主義與流派,襲捲著中國內政與文化上的積弊。在這樣一波未平一波繼起的世變之下,蔡元培的理想,也正處於新

〔註18〕 蔡元培(1868～1940),字鶴卿,又字仲申,號子民,紹興人。光緒進士。選庶吉士,散館授編修。中日甲午戰爭後,受到西學影響。光緒二十四年,回鄉辦教育,任紹興中西學堂監督。次年被聘為嵊縣剡山書院院長,任職一年。光緒二十七年(1901),到上海任教。次年參與創立中國教育會,任會長,並創辦愛國學社與愛國女學。繼為《蘇報》撰稿,又創刊《俄事警聞》(後改名《警鐘》日報)提倡民權,鼓吹反清革命。光緒三十年(1904),參與組織光復會,為會長。次年入同盟會。光緒三十三年(1907),赴德國留學。初在柏林編譯書籍,後進萊比錫大學,研究哲學、美學、文學與心理學等,並入文明史與世界史研究所從事研究,受尼采影響頗深。辛亥革命後回國,任南京臨時政府教育總長,著手改革國內教育。否定以「忠君」、「尊孔」為教育宗旨,主張建立「公民道德」,進行世界觀教育。又提出「美育」,並修改學制,廢除讀經,實行小學男女同校。旋出國,旅居德、法。曾參與組織勤工儉學會。回國後,就任北京大學校長。積極支持新文化運動,主張學術研究自由。提倡科學、民主,反對舊思想、舊禮教;提倡白話文,反對文言文。一九一九年五四運動中,積極營救被捕學生。曾一度赴歐美考察教育。後因反對北洋政府逮捕北大教授,聲明辭職,並再赴歐洲。回國後,任國民黨中央特別委員會常務委員、大學院院長、中央研究院院長等。九一八事變後,堅決主張抗日。一九三二年,與宋慶齡(1893～1981)等組織中國民權保障同盟,任副主席。一九三九年,被推為國際反侵略運動大會中國分會第二屆名譽主席。次年病逝於香港。著有《中國倫理學史》、《中國修身教科書》、《石頭記索隱》等,後人輯有《蔡元培選集》、《蔡元培全集》等,樊克政《中國書院史》,台灣文津出版社,1995 年,第 271、272 頁。

舊交替之間。如何以「教育」，作為一切經世問題的起點，以及文化人格建構上的原點，都有蒿目時艱，而心焚如火的憂患意識。他在清光緒二十六年曾主講於嵊縣的剡山、二戴兩所書院，並任院長；此一時期，已近乎書院制度式微的最后階段，朝野在文教政策上，主張書院改制的觀點，已是勢所難免。〔註19〕出身於舊式教育下的蔡元培，自然在管理院務中，對科舉、官學與書院的積弊及盲點，有著深切的體認，是以他在〈告嵊縣剡山書院諸生書〉中，即表明「鄙人承乏書院，已逾半年，來此解裝，將及一月，得與貴縣貴士大夫上下其議論，純摯之情，奮迅之氣，非他縣所及也。鄙人蒿目時艱，推尋原始，非有開智之事，必釀亡種之憂。」所以以與會同志，誠有所不得已也。〔註20〕他鑑於剡山、二戴兩書院諸君亟於有用於世之學，乃有商訂「兩書院學約」的措施。文中尤其看重書院傳統中的義利之辨與理分觀，前者乃昌明學子當立志為大者，且不能為「無工而徒食者」，所以黜虛文與浮行，率為世道所以衰微的主因，而曉以義利之分辨：

> 世衰道微，知詐愚，強陵弱。彼農工商者，既因工而得食矣，受愚於士而不知其所以養士之故，而漫焉供應之。⋯⋯而教者亦遂以教此術為教育之工，揣摩焉，鑽營焉，無所不至矣。而求為士者益繁。彼農工商者，以不蒙士之教育而因循簡陋，所得殆不能自給矣，而士又劫其強半。積久則農工商固無以自養，而士無可劫，則皆貧，貧則爭，爭則益貧。⋯⋯。嗚呼！此我中國所以以四萬萬之眾，而亟見侮於外國，以釀成亡國亡種之禍者也。諸生有志為士，當思自有生以來，一切養生之具，何事不仰給於農工，而我所以與之通易者，何功何事？不患無位，患所以立，怵然脫應試求官之積習，而急致力於有用之學矣。〔註21〕

此文大加批判了士子無恥與無知的病狀，並且突顯了傳統士人不作而食，或徒慕虛榮的醜態。尤以揭示了社會不平等以及積弱的主因，率皆出於教育一環。蔡氏個人博雅浹洽於國學與西學的視野，因此不以科考虛榮為慕，而以確立文化人格在胸襟與抱負上，皆能有所膽識，以及荷擔時局的使命感，因此由義利分辨到具體理分的認識，更是有志之士責無旁貸的自覺，在學約中

〔註19〕清末書院改制學堂的大勢，可參看樊克政《中國書院史》第八章「清末的書院改制」，以見當時新舊教育勢力消長遞嬗的變因，實與政治因素相左右。
〔註20〕《蔡元培全集》教育上，錦繡出版。
〔註21〕同上。

即揭示：

> 自立性者，萬物所公有也。金之堅也，火之炎上也，水之下也，
> 人所不能強也，而況於人。人之所以立者二：曰職分所當為者是
> 也，曰權分所當得者是也。能為而不敢為，失職，即失權也；可得
> 而不能得，失權，亦失職也。二者互相持以完其自立者也，彼徇俗
> 者，輒託於君父之命、朋友之勸焉，不知諍臣諍子，先師所急，治
> 命亂命，於傳有之，切直責善，則尤朋友之分也，豈足以奪吾志
> 乎！〔註22〕

這一反思在清末時，已為士子群體的一大關目，實已非空談性命，或寄託復
古者所能勝任因此他期勉學人留心世界的大勢，並在個人的具體理分中，當
仁不讓，不受人情、俗見與權威所惑，動搖其心。則人格的挺立就有進一步
挖深織廣的可能，因此他並於「學目」中，提供一套較為健全而濟時的課程
簡目：

> 志既專矣，乃可以詳第三義之目。人曰自治者，如身理、如心理學
> 是也，此有益於己即可推之以益世者也。曰人與人相關，父子也，
> 兄弟夫婦也，師友也，君臣也，官民也；若教育學，若政治學，若
> 社會學，若倫理學，若文辭學，若美術學（此為抒寫性靈之作，如
> 詩詞繪事）事也。國與國相關者，若公法學也，此與世互相為益者
> 也。其道義頗見於西人史本守氏之肄業要覽，其書目略具於會稽馬
> 湄純氏（用錫）之《理學導言》，諸生究心焉可也。〔註23〕

這種規劃，一來也呼應著清末書院，多半採行中西學程並重的趨勢，另一方
面，則可視為他日後在擔任民國教育總長，以及主持北京大學時，關於「世
界觀」教育與「美育」主張的先聲，例如「美術學」的提出，在書院教育中
實為罕見。這些構想在清末民初書院轉型的意義上，實賦予了時代精神與貞
下啟元的契機，他遂有謂「雖然書院與學堂，名異而實同者也。學堂而徒名
與，則猶昔之書院也；書院而能責實與，是亦今之學堂也。且既欲推廣矣，
必先有所整頓焉以為之基礎。」

　　蔡元培的自覺，實已觸及了前述大學理念中「通識教育」與「知識人」
的問題，以及「博雅教育」與「自由人」教育的問題。由學習範疇的勘定，

〔註22〕《蔡元培全集》教育上，錦繡出版。
〔註23〕同上。

到培養學人獨立判斷，選擇重要的人生價值，即是博雅教育在「肯定人文的價值，在擺正人在宇宙萬物中的位序」大義。此一自由人的信念，即有知識上、政治上、與文化上的多重意指，可視為西方理想的「文化人格」界說：

> 我們以為博雅教育不是沒有價值，但它的中心價值應該是在培養獨
> 立判斷，選擇重要的價值（如美、正直、公正、容忍、理性、自由、
> 民主）而愛之、好之、樂之、堅執之的精神。這不但是在政治的意
> 義上做自由人（反極權主義），在知識意義上做自由人（反教條主義，
> 但非虛無主義），並且在文化意義上做自由人（反科學主義，但堅信
> 科學與理性）的不可或缺的教育，假如我們同意這是博雅教育的意
> 義，則現代社會越來越趨向科層組織化，越來越趨向抽象冷清，越
> 來越趨向上不著天，下不落地，中不接人的疏離，則我們正需要這
> 種博雅教育的抗制。根本的說，真正的博雅教育在肯定人文的價值，
> 在擺正人在宇宙萬物中的位序。〔註24〕

蔡元培畢生的志業，也即是奠基於一個真正的「大學精神」的關懷，在此一大學精神，不獨為他具體的擔任北大校長一義，而實為他在會通中國書院與西方大學理念的共同基源問題。也可視為關乎文化人格的建構理想，尤以他的世界觀教育和美育思想，最具有「究元決疑」的認識與視觀。他在民國元年擔任國民政府首任教育總長時，在對於整體新中國的教育方針上，即已開宗明義地以此「大學精神」作為總綱：

> 據清季學部忠君、尊孔、尚公、尚武、尚實的五項宗旨加以修正，
> 改為軍國民教育、實利教育、公民道德、世界觀、美育五項……提
> 出美育，因為美感是普遍性，可以打破人我彼此的偏見；美學是超
> 越性，可以破生死利害的顧忌，在教育上應特別注重。〔註25〕

這一張本，旨在去除教育長期隸屬於政治、宗教、財力以及種種「不相干」的力量，以求超軼而求其獨立自主。尤其是他指出「忠君」與共和政體不合，「尊孔」（指清末立孔教之末流）與信教自由相違，更是大悖於教育的本質和理想，其宰制人心的流弊不得不加以批判及導正。再者「世界觀」及「美育」兩者，即為至為理想的教育哲學，不僅在於斧正教育體制，以確立人心的根本認識，當有宏遠的意義。此乃其「究元決疑」的立論與思維，認為一切教

〔註24〕《大學之理念》，第40頁。
〔註25〕聞笛、水如主編《蔡元培美學文選》，淑馨出版社，第265頁。

育的本質，當以解明人的存在，乃至於現象和實體之間的既存關係。繼而處理應然的判斷問題，唯能在此作一引導與啟發，則教育才能確保起軼於一切「反教育」與「非教育」的掣肘，進一步主張「世界觀」乃為宗旨：

> 提撕實體觀念之方法如何？曰，消極方面，使對於現象世界，無厭棄而亦無執著；積極方面，使對於實體世界，非常渴慕而漸進於領悟。循思想自由言論自由之公例，不以一流派之哲學一宗門之教義梏其心，而惟時時懸一無方體無始終之世界觀以為鵠。如是之教育，吾無以名之，名之曰世界觀教育。〔註26〕

而「美育」乃為他所格外看重，並且具體而可行的法則：

> 美感者，合美麗與尊嚴而言之，介乎現象世界與實體世界之間，而為之津梁。此為康德所創造，而嗣後哲學家未有反對之者也。在現象世界，凡人皆有愛惡驚懼喜怒悲樂之情，隨離合生死禍福利害之現象而流轉。至美術，則即以此等現象為資料，而能使對之者，自美感以外，一無雜念。例如採蓮煮豆，飲食之事也，而一入詩歌，則別成興趣。火山赤舌，大風破舟，可駭可怖之景也，而一入圖畫，則轉堪展玩。是則對於現象世界，無厭棄而亦無執著也。人既脫離一切現象世界相對之感情，而為渾然之美感，則即所謂與造物為友，而已接觸於實體世界之觀念矣。故教育家欲由現象世界而引以到達於實體世界之觀念，不可不用美感之教育。〔註27〕

這一構想，即具體實現在民國六年，他開始擔任北京大學校長先後十年，整頓與改革學風的影響，而使北大成為名符其實「囊括大典，網羅眾家之學府」，因此他的世界觀宗旨，即以他一貫「兼容並蓄」的辦學理念為鵠的，他在「答林琴南書」中，即主張：

> ▲對於學說，仿世界各國大學通例，循「思想自由」原則，取兼容並包主義。無論何種學派，苟其言之成理，持之有故，尚不達自然淘汰之運命者，（意即謂其仍具有學術上之價值，而未經科學證明其為謬誤者。）雖彼此相反，而悉聽其自由發展。
>
> ▲對於教師，以學詣為主。在校講授，以無背於第一種之主張為界限。其在校外之言論，悉聽自由。本校從不過問，亦不能代負其

〔註26〕聞笛、水如主編《蔡元培美學文選》，淑馨出版社，第5頁。
〔註27〕同上。

責任。例如復辟主義，民國所排斥也，本校教員中，有拖長辮而持復辟論者，以其所授為英國文學，與政治無涉，則聽之。籌安會之發起人，清議所指為罪人者也，本校教員中有其人，以其所授為古代文學，與政治無涉，則聽之。……茍其功課荒，並不誘學生而與墮落，則姑聽之。夫人才難得，若求全責備，則學校殆難成立。〔註28〕

這一張本，最重要的意義，不僅一掃北大與當時學風不振的陋習舊規，也如實地為學術精神作一「定位」。將當時「泛政治主義」與「泛道德主義」流行的教育盲點，予以有效的批導。並格外看重真才實學的意義，致使當時北大有著「百家爭鳴」的朝氣與生命力，在大學的理念上，此一舉措已具備了尊重「學術倫理」的認識。〔註29〕

將「學術」與「非學術」的分開來，是建立學術自由、學術自主與學術倫理的重要步驟，唯能如此，真正彰顯出大學精神中，可貴的學術自由與學術獨立的價值。如以「三統」之學的教育哲學觀來作為比較而言，蔡元培的「五育」主張，和他日後以北大為中心所推動的「以美育代宗教」理想，就實有重要的文化人格啟發意涵。

在「人統」上，他更以公民道德教育，作為中國傳統德育的繼承，而美育具備了許多特點，更有益於人格的教育：

（1）美育乃為美學的實踐原理，因此同為審美和人格主體認識上的學問及應用。

（2）美育具備了普遍性（人人不分階級、國度，皆有此一資格參與）。

超軼性（脫離現象界，而達於實體）。

改良性（教育的特點，正有助於化偏去蔽）。

（3）藉由美育，可一方面觸及審美問題（包含人格、才性、藝術），

〔註28〕《大學之理念》，第188～189頁。
〔註29〕同上，第188頁。「學術自由」和「學術自主」與大學之為「知識性社會」，以及大學之為發展知識、追求真理的地方，這個認識是不能分開的。更進一步說，大學要發揮大家的功能，還必須講「學術倫理」。所謂學術倫理即是學術活動的本身的規範。當社會結構達到一定程度的分殊化後，就會出現制度的多元化現象：政治、宗教、經濟各別地取得自主性的性格。亦即各種制度性行都有其領域與「定位」。學術論理自不同於政治倫理、宗教倫理或經濟倫理。

也可避免道德和宗教判斷上的缺點（過度化約，亦或排他性、分別心）。

（4）美育的強調實踐性，又較美學原理更有實質的策略及方案。

由蔡元培先生所主張的「以美育代替宗教」論，正是叩契著這樣的反思而來：

> 美育者，應用美學之理論於教育，以陶養感情為目的者也。人生不外乎意志，人與人互相關係，莫大乎行為；故教育之目的，在使人人有適當之行當，即以德育為中心是也。顧欲求行為之適當，必有兩方面之準備：一方面，計較利害，察因果，以冷靜之頭腦判定之；凡保身衛國之意，屬於此類，賴智育之助者也。又一方面，不顧禍福，不計生死，以熱烈之感情奔赴之；凡與人同樂，捨己為群之德，屬於此類，賴美育之助者也。所以美育者，與智育相輔而行，以圖德育之完成者也。〔註30〕

此一格局的界說，也恰符應於普遍和特殊意義下，人格與判準問題，蔡元培在這樣的反省下，歸納了美育有其包含性的意義，一者能兼容「美感」的普遍及殊異，二者反映在不同「科際」之間的相輔相成，同有益於人格美感層境的教育及素養：〔註31〕

　　是以「美育」中純粹的美感取向，可以取代宗教排他性與隸屬性的缺點，而「美學」的特點，又可兼具跨學科的性格，故蔡氏所謂「美育可與智育相輔而行，以圖德育之完成」，也正是奠基於美學的屬性。尤其是在「學統」上的意義，蔡元培除了以世界觀的教育，網羅眾家的學術專長外，更以美育與學校知識性學科的關係，作為有效解決「通識」和「博雅」教育上的問題：

〔註30〕《蔡元培美學文選》，第 205 頁。

〔註31〕同上，第 82～83 頁。純粹之美育，所以陶養吾人之感情，使有高尚純潔之習慣，而使人我之見，利己損人之思念，以漸消沮者也。蓋以美為普遍性，決無人我差別之見能參入其中。食物之入我口者，不能兼果他人之腹；衣服之在我身者，不能兼供他人之溫；以其非普遍性也。美則不然。即如北京左近之西山，我遊之，人亦遊之，我無損於人，人亦無損於我也。隔千里分共明月，我與人均不得而私之。……蓋美之超絕實際也如是。且於普遍之美以外，就特別之美而觀察之，則其義益顯。例如崇閎之美，有至大至剛兩種。……夫所謂大也、剛也，皆對待之名也。今既自以為無大之可言，無剛之可恃，則且忽無超出乎對待之境，而與前所謂至大至剛者併合而為一體，其愉快遞無限量。當斯時也，又豈尚有利害得喪之見能參入其間耶？

　　學校課程，都沒有與美育無關的。例如數學，彷彿是枯燥不過的了，但是美術上的比例、節奏，全是數的關係，截金術是最顯的例子。數學的遊戲，可以引起滑稽美感。幾何的形式，是圖案美術所應用的。理化學似乎機械了，但是聲學與音樂，光學與色彩，密切得很。雄強的美，全是力的表示。美學中有「感情移化」論，把美術品形式都用力來說明他。……在美術、文學上都為美觀的材料。地理學上雲霞風雪的變態，山岳河海的名勝，文學家美學家的遺績；歷史上美術家的進化，文學家美術的軼事；也都是美育的資料。〔註32〕

這一點也如同書院在勘定學習範疇的教育哲學，看重「知止」與「知所歸宿」的信念一致。美育在「兼攝」人統和學統的立意上，可謂諦當，尤其是看重「人格成長」與「學習範疇」的關係，既不蹈虛，也不致流於僵化的學習。然則「美學」的究元決疑精神，以及「美育」兼容並行的特點，更有相輔相成的意義。他在「美學的研究方法」一文中，更以揭櫫科學的態度及方法，以期建立完備而可行的美學原則，簡示為：〔註33〕

1. 美術家方面
　△搜集美術家對自己著作的說明
　△詢問法
　△搜集美術家傳統
　△美術家心境錄
　△美術家病理錄
　△實驗法

2. 賞鑑家心理方面
　△選擇法
　△裝置法
　△用具觀察法
　△表示法
　△瞬間試驗法
　△間斷試驗法

3. 美術作品方面
　△材料的區別
　△技能的鑑別
　△意境的鑑別
　△分門的研究
　△斷代的研究
　△分族的研究

4. 環境的影響
　△民族的關係
　△時代的關係
　△宗教的關係
　△教育的關係
　△都市美化的關係

〔註32〕《蔡元培美學文選》，第 184 頁。
〔註33〕同上，第 153 頁。

　　△溯源

　　△進化的觀察

　　△比較

　　△綜合的研究

　　這四大環節，分別涉及了「作者」、「作品」、「讀者」以及「環境」四大單元各自獨立，卻又互有關連的思索。且每一單元方法中涉及的中西學裡，經驗上的融通與啟發性，皆有全面概述，以作為學人進一步發揮的線索。在民國初年百廢待舉，卻又軍閥橫行的局勢之下，蔡氏尚能以美學美育作為針砭與燭照的方法，不諦為其「世界觀」的信念下，尋求根本解決人心安頓與性情陶治的學理。另一方面，他在北大時，更鼓勵「興會」風氣，提倡和助成「進德會」、「體育會」、「音樂會」、「書法研究會」、「書法研究會」等組織，〔註 34〕以及各種報刊表達思想自由的途徑，亦即看重由「學統」以兼攝「事統」的落實層面，類似書院「講會」在社會傳播上的功能。他更提出了「文化運動不要忘了美育」的警策之語，〔註 35〕認為唯有美育的建設，方能真正解決任何運動的問題，以及在創造上的成果，而不致於淪為功利、黨派、主義信條，以及人我、彼此上對立的窘態，甚且斲喪人格成長的信念，造成無法彌補的歷史包袱。此一心情，在五四新文化運動和「西風美雨」的聲浪中，更有重要的啟示性，也實有在中西文化「會通」上的先見之明。因此他格外看重美學建設，在事統教育上的長遠之計，在他的「三十五年來中國之新文化」、「二十五年來中國之美育」，以及「美育實施的方法」等文獻中，皆表述了他畢生以美學作為文化人格建構上最為理想的主幹。在中國現代化的歷程中，蔡元培的努力，實有助於今日在審度大學與書院理念上的價值，筆者簡該他在美學實踐上的旨趣，乃以「事統」教育哲學的「三重空間」原則，於下頁作一簡示：

　　「在美育代宗教」絕對不是一個激情或純然反動的口號，蔡氏的理想，正是全盤性地規劃著，一個人由出生的「胎教」，中經家庭、學校、社會、國家、以及「安葬」等人生階段，皆能規劃相應而制宜的「美學生活」，致使心理、物理與自然三重空間都能並行不悖。且兼及了古蹟的保存，國家公園的規置，以及普遍與專門教育中的美育課程，這一系列的具體關懷，皆可作為

〔註 34〕《蔡元培美學文選》，第 267 頁。

〔註 35〕同上，第 99 頁。

他在世界觀以及大學精神上的佐證，署諸今日，猶有法式可茲遵循。

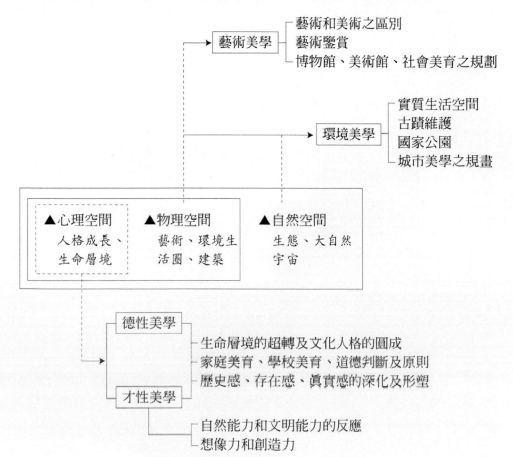

　　蔡元培所象徵的大學世界，即是一個「百家爭鳴、千巖競秀」的世界，他不僅成功地轉化了由書院到大學的歷史意義，更能在西方大學理的洗禮之下，不卑不亢地以美學的世界觀，作為中西學術的特長予以安立，樊然並峙。並且將「文化人格」的主體精神，真切地擺脫了傳統的束縛、威權的籠罩，以及世俗的羈絆，而賦予了人格審美上的全幅領域，在大學精神的啟發上功不可沒。

　　如斯深耕的精神脈絡，在民國三十八年由錢穆與唐君毅、張丕介等學人，在香港所創辦的「新亞書院」，即有更新里程的時代意義。民國以來，復興書院的風氣仍不絕如縷，如馬一浮、梁漱溟、熊十力等人，皆在書院辦學中，以傳承中國文化慧命作為志業。然則錢穆等人在大陸淪陷之際，而於流離顛沛中，「手空空，無一物」的處境之下，乃以辦學作為收容流亡學子，以

及講明學術作為「撥亂反正」與「靈根自植」的襟懷，皆有一亂世興學的現實大義。民國三十八年十月十日開學之日，出席師生不過四十人「席間錢先生談宋元時代自由講學之書院制度，唐先生論中國文化及其危機，張先生闡述武訓行乞興學之意義。是晚師生情緒熱烈，慶祝此一流亡學校之誕生。」〔註36〕

由早期篳路藍縷、中經桂林街、農圃道、沙日時期，嗣後民國五十二年新亞與香港的崇基與聯合書院，合併為今天的「香港中文大學」，其中貫注的教育理想，以及前后遭遇的困境及考驗，皆有箇中的辛苦與難能可貴。但新亞在當代培育出為數十分可觀的傑出人才，以及在國際上卓越的學術性地位，扮演了中國書院史上轉型與創造性的意義；尤其是錢穆前后數十年的學問與教育積業，實與新亞的成長相得益彰。誠如朱熹在南宋的書院志業上，不僅相埒無愧，也得以讓世人正視書院教育在今日，仍能體現「三統」之學歷久彌新的價值與象徵。

錢穆不僅以書院家的情懷辦學，在花果飄零、中國文化長期聲光闇然的時代中，試圖以三統之學確立文化傳習與學統開展的使命。誠如其學生余英時有謂，錢氏「一生乃為國故招魂」這一志業，不僅是見乎學問研究上的旨趣，更是客觀化地體現在他與唐君毅一手主導的新亞學風，以期能憂患中但闇日彰。他們乃將《中庸》裡的「誠明」二字，訂為校訓，屆此以樹立書院傳統上承先啟后的文化主軸，再將「自誠明，謂之性，自明誠謂之教，誠則明矣，明則誠矣」的精義，反覆玩索，期勉學人由「言行合一」、「內外合一」到「人我合一」、「物我合一」，以臻「天人合一」的理境，作為「通達人情，明白物理」的真人格和真人品。〔註37〕

屆此「誠明」精神的體現，在「新亞學規」的揭示上，更呼應著三統之學的義理規模，茲舉出其中大端如：〔註38〕

　△完成偉大學業與偉大事業之最高心情，在敬愛自然，敬愛社會，
　　敬愛人類的歷史與文化，敬愛對此一切的智識，敬愛傳授我此一
　　切智識之師友，敬愛我此立志擔當繼續此諸學業與事業者之自身
　　人格。

〔註36〕《新亞書院四十五週年校慶特刊》，香港中文大學新亞書院，《新亞生活》月
　　　　刊 1994 年 9 月號。
〔註37〕《新亞教育》，香港中文大學新亞書院出版，第 97～99 頁。
〔註38〕《新亞教育》，第 1～2 頁。

△ 課程學分是死的，分裂的。師長人格是活的，完整的。你應該轉移自己目光，不要僅注意一門門的課程，應該先注意一個個的師長。

△ 中國宋代的書院教育是人物中心的，現代的大學教育是課程中心的。我們的書院精神是以各門課程來完成人物中心的，是以人物中心來傳授各門課程的。

△ 一個活的完整的人，應該具有多方面的智識，但多方面的智識，不能成為一個活的完整的人。你須在尋求智識中來完成你自己的人格，你莫忘失了自己的人格來專為智識而求智識。

△ 以磨鍊來堅定你的意志，以反省來修養你的性情，你的意志與性情將會決定你將來學業與事業之一切。

△ 學校的規則是你們意志的表現，學校的風氣是你們性情之流露，學校的全部生活與一切精神是你們學業與事業之開始。敬愛你的學校，敬愛你的師長，敬愛你的學業，敬愛你的人格。憑你的學業與人格來貢獻於你敬愛的國家與民族，來貢獻於你敬愛的人類與文化。

錢穆等人在比較中國書院與西方大學理念的歷史經驗上，折衷與調融地企圖結合兩者的特質，期勉書院中的學習，能夠有其一定的學術規範與自主性，但仍強調「人物中心」的思考，是以「人師」精神的定位，以及辨志、擇術（課程、專才、方法等），以及事業上的關連意義，也實以人格自身的自覺與健全為訴求，而不流於虛文和教條。此誠書院傳統中看重「學規」立意的共同點，以體現學風與師友意志的所在。錢穆曾在院內主講「衡量一間學校的三個標準」中，分別以「事統」（物質上的建築和設備）和「學統」（師質、課程、學業成果），以及「人統」（即新亞精神）三方面加以評估，仍以「人統」精神的表彰，實為其他兩方面的精神淵源，而且也是一所學校是否經得起時代考驗的關目：

諸位或要問：所謂大學生的氣象和格調究是怎樣來的呢？我想有兩點可以說：一是每一個大學生應有一個人生理想。一個青年跑進大學，至少應培養出他個人的一個人生理想來。如他看到大學裏面的教授們，有哲學家、有科學家，總會引起他一番羨慕嚮學之心，這就把他的人生理想提高了。至於他在課程方面所接觸到的種種人生

> 境界，那自然更廣大更高深。……。孔子曾說，他「十有五而志於
> 學，三十而立，四十而不惑，五十而知天命，六十而耳順，七十而
> 從心所欲不踰矩。」他的內心境界，真是天天在進步。又如顏淵，「一
> 簞食，一瓢飲，在陋巷，人堪其憂；回也不改其樂。」當知：簞食、
> 瓢飲、陋巷，在外面的人盡可見，看來好像總如此。但講到裏面，
> 顏子的內心方面，則天天在進步，所以他覺得是可樂。孔子亦說：「我
> 見其進，未見其止。」〔註39〕

錢氏並有一「中國歷史上關於人生理想之四大轉變」講文，以鼓舞學人，期
能以「見賢思齊」之心志，作為立身處世的大端大本。而在文化人格的陶冶
上，錢穆更秉持著傳統書院，在經世價值取向上的特點，而有相關的措施。
例如早期創校時，即設一類似書院「講會」的公開性「學術講座」，以期推動
師友論學與推廣的風氣。

> 新亞初創時，又設一公開學術講座，每週末晚上七時至九時在桂林
> 街課室中舉行。校外來聽講者每滿座，可得六十人至八十名左右。
> 學生留宿校內者，只擠立牆角旁聽。……。蓋余等之在此辦學，既
> 不為名，亦不為利，羈旅餘生，亦求以文會友，以友輔仁之意。此
> 講會能對社會得何成效，亦所不計。而海外逃亡獲交新友，寂生命
> 中一莫大安慰也。〔註40〕

在辦學理念上，更以「易簡」與「樸實」的精神，作為師生互勉，以及身教
上潛移默化的力量：

> 新亞書院之創始，最先並無絲毫經濟的憑藉，只由幾位創始人，各
> 自捐出少數所得，臨時租得幾間課室，在夜間上課而開始，其先是
> 教師沒有薪給，學生無力繳納學費，學校內部，沒有一個事務員和
> 校役，一切全由師生共同義務合作來維持。直到今天，已經過了六
> 年時期，依照目前實況，學生照章繳納學費者，仍只佔全校學生總
> 額百分之三十，學校一切職務，仍由師生分負擔，全仍然沒有一個
> 校役。〔註41〕

錢氏自云他是以曾國藩「紮硬寨、打死仗」的治學與經世原則，作為座右

〔註39〕《新亞教育》，第71頁。
〔註40〕錢穆《新亞遺鐸》，東大出版社。
〔註41〕《大學之理念》，第118頁。

銘，粹勵其意志。其教育理想，旨在培養一代學人，以文化人格的整合作為目標：

> 現在讓我們回頭來看最近的學術界。似乎領導學術者，其存心多只看重了博士之學，而不看重士大夫之學。因為有此趨嚮，所以我們當前的學術空氣，漸漸和一般社會分離，而形成為一種特殊環境裏的一種特殊生活。……若我們放大眼光，為一般社會著想；便見學問並不全是關門而做的事。有一種是專門博士之學，為少數人所專攻，另有一種則是普通的士大夫之學，為社會多數智識分子所應領解。曾氏「聖哲畫像記」所論，若以專家博士學的眼光來評量，有人不免將見其為淺陋。但若注意到社會上一般人物之陶冶與進修，則曾氏的見解，實在是極可取法了。〔註42〕

這一個反省層面，實與書院教育的基源性反省一致，也能豁顯教育哲學的關懷面。新亞書院並看重結合國際與地方人士的經濟力量，例如先后由美國雅禮協會與哈佛燕京學社等的學術捐款，作為辦學開支。但大致上新亞精神的傳習，仍以文化人格在學理和生活上的啟蒙視為主體，唐君毅在回顧新亞辦學的心影時，曾作了五點的歸納，可作為新亞精神的注腳：〔註43〕

1. 我們當時感到現代大學教育分科，實在分得太多，故新亞書院希望不要因為分科的關係把學問世界割裂，弄得支離破碎；即是要使各種課程，相互連繫。一人研究任何一種學問，有核心，也有外圍。

2. 希望生活與學問連在一起。……至於師生之關係，則中國五倫中無師生一倫，師生之倫依儒家思想說，亦屬朋友，或是「義如朋友，情如父子兄弟」。故師生關係亦是倫理關係，不是社會政治經濟上的職位關係（師生間，亦不能分為校方、學生方，顯然對立起來）。

3. 既然既然生活與學問打成一片，則做人、做事與為學、教學與行政事務，亦不宜全相分離。

4. 新亞的初期，希望學校中教師、學生的生活連在一起。……又曾想在學校中設一個養老尊賢館，延接一些當時七八十歲的學術界

〔註42〕《學籥》，第 97 頁。
〔註43〕《新亞教育》，第 157～159 頁。

的前輩同住。……。須知現代文化；確是只有「少懷」而無「老安」，人亦無將其「事業與生命共終始」的意識，則人們的生命由壯而老，即向莫安頓處走，其事業與生命亦不能成就一片。此乃一客觀的文化問題。

5. 新亞初時祇有文學院，後來加設商學院與理學。……新亞初辦商學院時，曾經希望商學院的同學都學子貢，畢業後賺了錢來幫助新亞書院；至於理學院，我們嘗希望除講西方科學外，能發展對中國科學史的研究，以接到近百年來由西方輸入的西方科學。

尤其唐氏強調亂世中辦學與自強之道，當以「學記」所謂「夙夜強學以待問，懷忠信以待舉」的治世人才自許，而事實上新亞在人才培育的成果，確乎也是此一信念的證明，尤其是日后由金耀基推動成立的「錢賓四先生學術文化講座」，即為體現新亞在書院和大學理念上，密切結合的成果，現已代表了新亞書院在國際學術地位上的重要象徵：

「新亞學術講座」擬設為一永久之制度。此講座由「新亞學術基金」專款設立，每年用其孳息邀請中外傑出學人來作一系列之公開演講，為期二週至一個月，年復一年，賡續無斷，與新亞同壽。「學術講座」主要之意義有四：在此「講座」制度下，每年有傑出之學人川流來書院講學，不但可擴大同學之視野，本院同仁亦得與世界各地學人初磋學問，析理辯難，交流無礙，以發揚學術之世界精神。此其一。講座之講者固為學有專精之學人，但講座之論題則儘量求其契扣關乎學術文化、社會、人生根源之大問題，超越專業學科之狹隘界限，深入淺出。此不但可觸引廣泛之回應，更可豐富新亞通識教育之內涵。此其二。講座採公開演講方式，對外界開放。我人相信大學應與現實世界保有一距離，以維護大學追求真理之客觀精神；但距離非隔離，學術亦正用以濟世。講座之向外開放，要在增加大學與社會之聯繫與感通。此其三。講座之系列演講，當予以整理出版，以廣流傳，並儘可能以中英文出版，蓋所以溝通中西文化，增加中外學人意見之交流也。此其四。〔註44〕

此一設計在書院發展的經驗上，顯然更能遠較學田、鄉約及講會制的視野及理想，朝前更進一步。新亞書院四十多年來的發展，最主要的特點正是濃厚

〔註44〕《大學之理念》，第116～117頁。

的「中國文化」色彩，在錢穆和唐君毅身后，此一遺緒更是弦誦不輟，足為
學術真理的木鐸：

> 從書院四十多年的發展看來，我們知道，新亞確有濃厚的中國文化
> 色彩。早期的建校先賢不用說，後來的院長如余英時、全漢昇、金
> 耀基諸教授，其學術研究和成就，都離不開中國文化；他們對新亞
> 的建樹，也都與保存發揚中國文化有關。舉例而言，金教授任院長
> 時創立的「錢賓四學術文化講座」，一個禮聘中外傑出學者來校講學
> 論道的重要講座，就以中國藝術文化為主題。又例如，在中大諸書
> 中，新亞書院大概是中文用得最多的書院。前任的院長林聰標教授，
> 現任的梁秉中教授，不是中國文化的學者，但他們都繼承了重視中
> 國文化這個新亞傳統。梁院長要為新亞建設一個儒家園，可說是行
> 動來體現新亞的中國文化特色。〔註45〕

第三節　由書院教育的「文化人格」形塑中國大學之理念

綜觀書院教育哲學的整體論述，體現為「三統之學」的體系，此一體系，
實為本文乃以錢穆所提出的三統之學意指，乃在「統之有宗，會之有元」的
脈絡關係，並且兼及了在論述三統之間，各有其特點所在。尤其是書院在長
期的教育實踐中，不僅門類眾多，且立場不一，如果不能確立在教育哲學上
的統緒性，則無由知所歸宿，僅能平面式的論列書院變遷的現象，也不能說
明在「基源問題」思考上的意向性。尚且，書院所以迄今仍有研究以及實踐
的價值，也在於他與西方大學理念上，有其共通性，以及追尋文化人格上的
理想。而運用三統式的剖析，也較能作一比較式的說明。然則此一書院三統
之學的體系，在文化人格的建構上，又該如何作一具體的表述？本文進一步
以「三統」之統緒性，以及前述「三重空間」的向度性，試擬一文化人格座
標的簡義：

〔註45〕《新亞書院四十五週年校慶特刊》，香港中文大學新亞書院，《新亞生活》月
　　　　刊1994年9月號。

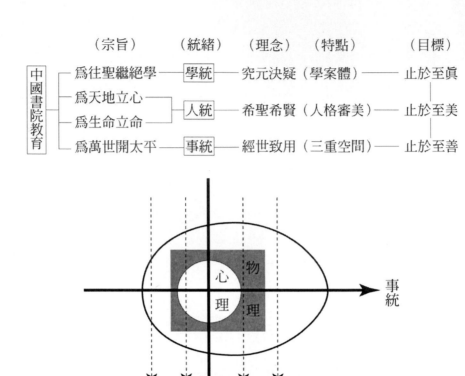

此一座標的安立，乃以「人統」精神作為主軸，猶如中國建築之有一中軸線，作為主體與格局在設計安排上的均衡及對稱，重視「時間性」與「空間性」的輻輳與樞紐性意義。然而「事統」的橫軸線，則主要賦予空間性的意涵，而有「心理」、「物理」與「自然」三重空間的對應關係。皆本諸人統的中軸線而開展；如以形象加以表述，則物理空間可代表書院建築本身，自然空間則為書院在選址上的關係，心理空間則為祭祀與教學空間的意涵，或者廣義化，泛及了自然空間的感應（如宇宙觀或山水登臨之美）。另一方面，「學統」的定位則可不定於一尊，乃本其「究元決疑」的信念，而予以疏導。此一學統關係，乃相應於大學理念中，學術規範的自由與自主性，但仍與人統主軸平行對照，即涵攝有一學術倫理且近乎人情的性質。而「學統」和「事統」也必有交會關係，才能「即理言事」或「即事言理」。

整體而言，此一文化人格座標並非是水平橫列性的關係，而當有一層界上的「位格」性，在中國傳統哲學中「天、地、人」三才的認識中，以及書

院教育中看重「四書」的教育哲學裡，當可為此一脈絡界定為「七大位格」，以符應前述理分觀與群倫的邏輯結構，此即紀剛所謂：〔註46〕

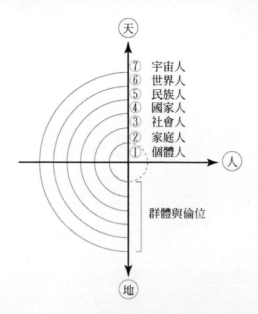

「個體人」即指獨立存在的生物個體。「家庭人」可包括大小家庭內外的親族關係。「社會人」則因地域、職業等多元社會的角色，而有不同的別名。「國家人」與「民族人」，有時因國家組成的不同而互異格位。一個民族分別組成許多個國家，其民族人應高於國家人層次；一個國家若由許多民族所組成，其國家人層次應高於民族人；一個國家如由單一民族所組成，則可簡稱為國族人。「世界人」目前是專指地球人，未來亦包括其他的星球人。「宇宙人」則有部分的形而上涵義：其中容有儒家的聖人，道家的真人、天人，釋家的佛與菩薩，以及一切宗教所信仰的神與上帝。

此圖可與前圖作一觀照，文化人格宏觀的界說，即有一座標上的定位與程序，各層界中亦有其規範，以及各倫次的責務及權利，再者此一文化人格的架構，又具有兩個特點：〔註47〕

　　▲對人類做人而言，有個體人到層層群體人的「升降」意義。

　　▲對文化思想而言，可兼容不同學理，而予以分析批判而「歸位就範」。

〔註46〕《諸神退位》，第 29 頁。
〔註47〕同上，第 37 頁。

這兩個特點，即為本文在比較中西大學理念時所運用的觀念，例如西方概以「知識人」的界說為出發點，而所謂「自由人」的理境，則是他們無比蘄嚮的目標。相對於此，中國書院中看重「五倫」的規範，以及牽涉的學習範疇，也都可以依此予以勘定與釐清，進而歸納出較為理想的文化人格型態，作為今日詮釋書院教育的時代新義：

一、中國的書院教育乃為一「拔本塞源」思想的體現

書院之興起，本為世道衰微的產物，因此在一政教體制健全的環境，教育與學術的傳承本應齊備於官學，而科舉當為人才與教學驗收的方案；但事實上，只要此一環節逐漸僵化與積病日深之際，誠如黃宗羲所謂有志之士，皆自拔草野，立書院以講明正學自任，儼然形成一教育改革的平衡機制。再者書院家憂道、憂國、憂時之心，俱有濟世匡時的主張，而他們在書院中廣泛採行的規制、教材、集會、以及形成的學說，其實都寓有「拔本塞源」的針砭之義。尤以在人統和學統上的「因病施藥」立場，以及在「義利」、「事功」、「舉業」、「道統」等幾大關目上的分辨與批導，都是此一思致的表現，甚而讀書一事，更被視為一養生與探勘病灶的基本功，例如朱子讀書法就表現出此一思想特點：

> 讀書的緊要關節，就是要去看聖人所提示給我們的下功夫處都是哪些。就拿「用藥治病」來說吧，我們得先看這病是如何發的，然後才得知該用什麼樣的藥方來治它。治病的功夫還不僅此：有了藥方後，藥方中的藥材都是些什麼，輕重比例如何調配，如何炮，如何炙，如何製，如何切，如何煎，如何喫，這些都是該講究的功夫。

書院家傳世的教育哲學，率為蒿目時艱，與濟世心燈下的處方及意見，就以前述圖示的「七大位格」意涵而言，猶如一清楚而挺立的「脊椎骨」，從「人格的定義」、「實踐的次序」、「價值的層界」來看個體人到宇宙人這七個位格的「群的文化觀」，實已掌握了中國文化的核心──「人格、實踐、價值」這條中樞神經。〔註48〕由此座標，進而涵攝書院家所提出的修養法則以及工夫進路，當可提出一套經世常規，以應不時之需。書院的存在，就如同善於觀世，長於為文化把脈，舒筋活血的一個良醫形象，以春風時雨之教，復甦人心的活水源頭。

〔註48〕《諸神退位》，王鎮華序，第 10～13 頁。

二、中國的書院教育乃為一「文化人格」的建築美學

　　孔門與教學情境每有「登堂入室」、「宗廟之美、百官之富」的形象妙喻，我們在探索書院文化人格的教育意義時，也試圖以時空的範疇，作為人格座標安立與詮釋上的起點。前述的「三重空間觀」以及「七大位格」的旨趣，也有類於建築形象思維上的取向，而此一架構、紀剛即有一形象化的說明：

> 「群與倫邏輯架構」不單是一座修己安人內聖外王的升降梯，也是一具談古論今、評鑑中外的大法器。把它豎立中堂，可將中國諸子百家和西方學說主義，定性定位，分類收容，各盡其用。在自然科學領域中，任何原理定律，都有其有效限度；在人文科學範圍內，各種主義學說，亦各有其「時中」功能。例如楊子（楊朱）為我主張和西方無政府主義，在個體層界內尚可自圓其說，亦有助於個人修養，若是越界施展宣揚，則生弊端。所以用這個架構來檢查今日社會的文化的混亂現象時，即可診出問題所在而做對症治療。〔註49〕

這一番體認，著眼於文化實踐上的總體營造觀，因而人格與學說的反省及治療，也一如工程整建。如果只是「東修西補，零星增建」，不僅有類於頭痛醫頭、腳痛醫腳，捨本逐末，無異於雪上加霜。此一總體營造觀在三統之學上的參照，書院教育的可貴，也當以「原儒」為趨向，而以「人本」「止於至善」方為正軌。否則一意地盲目推尊「道統」，其流弊又不知演為多大學習上的禍患。以建築的義理架局，作為審視文化人格的勘定與就序，如同顏元有謂：「學從名利入手，如無基之房，疊砌縱及丈餘，一倒莫救。」

　　阮元更進言：

> 「聖人之道，譬若宮牆，文字訓詁，其門徑也，門徑苟誤，跬步皆歧，安能升堂入室乎？或者但求名物，不論聖道，又若終年寢饋于門戶之間，無復知有堂室矣」。〔註50〕

此旨如同象山開示學人「必先立其大」的器宇及識見，也一如以「人統」作為三重空間的中軸線意味，是則格局上的主從性、序列性，以及踐履上的台基、階梯以及進深變化，虛實損益上，就有探討與定位上的意義。例如王安

〔註49〕《諸神退位》，第 23 頁。
〔註50〕《書院與中國文化》，第 117 頁。

石盛讚胡安定之教法「先取先生作梁棟，以次收拾桷與榱」，顯然以經術之實學為其立法及根砥。書院教育上的「朱陸之辨」，屆此也可予以一建築形象的闢喻，以各安其位：

> 二先生之立教不同，然如詔入室者，雖東西異戶，及至室中則一
> 也。何兩家弟子不深體究，出奴入主，詮辯紛紛，而至今借媒此徑
> 者，動以朱、陸之辨同辨異，高自位置，為岑樓之寸木？

是以所謂的同異之爭、門戶之見，只要確立一軸線與序列性的思維，則大本與末節，在「常」「變」之間，就可作一清楚的分判，而不致於進退失據。在文化人格的啟發上，尤有裨益，是以文化人格的詮釋，即有一人格審美的旨趣，可觀照於建築的形象思維意涵，而唐君毅有一結合「文化人格培養」的主張：

> 中國各地方皆有好山水，祠廟、學校，以至行政機關，皆應建在山
> 水好的地方。……。而歐美有山水之處，一般少歷史文化的人物，
> 足資紀念，少古蹟，更為無法補救的缺點。然而中國則因歷史文化
> 久，歷史人物多，所以中國之山水所在，即中國之歷史人文所在；
> 中國歷史人文所在，即山水所在。中國人應當算是最有資格去建立：
> 真正的四度空間的「自然與歷史人文合一的社會」，亦即「天人合一
> 的世界」。〔註51〕

唐氏的此一構想，實與本文的「三重空間」的事統觀一致，也與蔡元培的美育生活整體相應，而皆以「文化人格」與客觀建築的關係，作一感通與陶鑄。因此由書院的教育哲學特性而言，實有一文化人格的建築美學意涵。就主觀的心靈感受而言，書院家看重的人格陶冶與健全，誠如前述的以「人統」作為中軸線的意義，而兼攝著「學統」上的讀書工程，以及學習範疇上的許多內涵，皆可各安其位，而有一序列性、主從性的設計。就客觀的建築層面而言，書院空間中的祠堂居於「文化核象」、「精神空間」的定位，而講堂、齋舍的措置，也有一價值規序的原則，並且結合著書院家生活修養的揭示，許多的格言、規約、箴銘、齋語，都與建築形象結合為一可游、可感的美學與哲學情境。再加上週邊的自然景觀的助益，學人的存在感受，不僅得以立足於此一時空院落，在文化人格的反思中，通過建築形象的啟發，三統之間的義理架局，也必能有效接榫。

〔註51〕《中華人文與當今世界》上冊，第143～144頁。

文化人格的建築美學取向，即有一「群與倫」、「天與人」的貞定意義。而就實質的規劃而言，更觸及了傳統建築如何在今日社會轉型與轉化的問題。如與其以「古蹟」或「國故」的心態，作一消極性的維修及保存，不如採取重新賦予新義及創造的旨趣，例如現存的孔廟、古書院、合院或各級古蹟，其實都可以提供作為書院「講學」的理想空間，也能提振這些傳統建築在「生活」和「文化」層面上的效應，並藉以導正世俗對待傳統的觀念。誠如唐氏看重中國名勝的「歷史人文」特質，即可由書院教育予以形著及推廓，而此一構想，也實為中國文化慧命常規的貞下啟元。

三、中國的書院教育乃為一「靈根自植」的信念與啟示

書院立足於名勝，或居社會傳播上的重鎮，在生活信念的面向上，不外乎把握著「易簡」而「樸實」的信條，以「反求諸己」的「減法」原則，對越天理，實踐具體理分。在人生的幾大關目上，皆能有所持守，而容止亦大有可觀。王陽明謂「刊落聲華」、朱熹言「提撕警策」、劉蕺山的「誠意慎獨」之教、高攀龍謂「本色湛然」，以及湛若水的「隨時隨處體認天理」的人格和風格，都以生活的本來面目，復甦人心的活水源頭。陸象山昌言的「大人之學」，更是一體兩面地兼攝了中國的大學精神，其實正是以人為本位，而以大我的襟懷，實現人之所以為人的主題與全譜。即不囿於學院傳習之義，也同於西學中「自由人」理境的追尋。

歷來的有志之士，所以選擇了書院，作為他們畢生貫注心血，遍潤一整個世代的慧命常規，即是體認到唯有在人的心靈上立下一不為人惑，並能自定矢向的指南針。僅管世局如何遞嬗，與其悲夫花果飄零，不如靈根自植，在書院千年歷史中，賴以維繫的篤實步履，正是由「理學」開啟了「究元決疑」的思致，期待在文化人格的陶鑄上，賦予健全而長遠的視觀。

世紀末以來人心失序，價值意義無由開出的時代氛圍之下，逐漸有一「回歸」人性與生活簡樸本色的隱性力量，試圖為此一世局作一更張與復甦的契機。許多有識之士透過環保、生態、宗教、教育改革、養生、心靈修持等等進路，不外乎也是正視了唯有把握著「生活的簡單化」原則，才能真切地體認到人在現象流轉中的寓意及啟示。此一基源性的反省，倘能重新看待書院教育的歷史經驗，相信勢必能夠開展出一套，切實而可行的人心太平線索。

　　精神的魅力實為咫尺天涯，亦無遠弗屆，昔日中國的四大書院，以及東林、復性以迄近世之新亞諸書院，世界之牛津、劍橋諸大學，無不擁有深厚之歷史精神，以及令人心嚮的教育理念，此誠人類文明進歷程中竭力嚮往真理之木鐸。近期中國大陸正有一股復甦的「書院熱」與「書院學」風氣，嶽麓書院熱烈地歡度一千零一拾週年的院慶，而由馮友蘭和湯一介等人創辦的「中國文化書院」，正以奠定中國學統的新局自期。台灣在世紀末的浪潮之下，尤有一股興復現代意義的書院「生活啟蒙運動」，正在成長與茁壯，德簡、紫荊、清香、益生，民間諸書院的陸續開辦，就書院發展的歷程而言，已進入轉型新生的里程。企盼此一當代書院的復甦，貴能以史為鑑，掌握時代新義，輔以人文傳統深厚、生生不息之體質，作為深耕、潛移默化之教育建設。

　　在這風雲際會裡，放眼天下事，血性的人淚輕含，誠願此一憂患之心思，當為書院亙古不磨的志業，在彈鋏與吟嘯間，逝者如斯，只是不舍晝夜——

參考書目

甲、典籍

1. 《宋元學案》，黃宗羲等，世界書局，民國 80 年五版。
2. 《明儒學案》，黃宗羲，里仁書局，民國 76 年初版。
3. 《天下書院總志》，不著撰人，廣文書局。
4. 《東林書院志》，高廷珍，廣文書局。
5. 《鵝湖講學會編》，鄭之僑，廣文書局。
6. 《學海堂志》，林伯桐，廣文書局。
7. 《讀書分年日程》，程端禮，世界書局，民國 70 年再版。
8. 《學規類編》，張伯行，世界書局，民國 70 年再版。
9. 《性理大全》，胡廣纂修，山東友誼書社。
10. 《近思錄》，朱熹、呂祖謙編，《百部叢刊集成 26》，正誼堂全書。
11. 《傳習錄》，王陽明，《王陽明全書（一）》，正中書局。
12. 《明夷待訪錄》，黃宗羲《黃宗羲全集（一）》，里仁書局。
13. 《朱子語類》，黎靖德編，文津出版社。
14. 《四書集注》，朱熹，漢京出版社，民國 76 年初版。
15. 《象山先生全集》，陸九淵，台灣商務，民國 68 年台一版。
16. 《王龍溪語錄》，王龍溪，廣文書局。
17. 《稼軒詞》，辛棄疾，四部備要，中華書局本。
18. 《五峰集》，胡宏，四庫全集珍本初集商務印書館。
19. 《理學宗傳》，孫奇逢，孔子文化大全叢書・山東友誼書社。
20. 《陳東塾先生年譜》，汪宗衍，近代中國史料叢刊，文海出版社。
21. 《朱文公文集》，朱熹，四部叢刊初編縮本。

教學政策，以及型態上的調整，本文試擬一簡表如下：

時代	唐末五代	北　宋	南　宋	元　代	明　代	清　代	民　國
分期	發韌期	成型期	興盛期	變質期	全盛期	轉向期	轉型期
轉變因素	科舉特盛。書院濫觴。書院成為地方國學。山林教育風氣。	早期重官學科舉。三次官學大興。官學腐敗。理學思想興起。	早期官封書院。官學腐敗。理學大盛。禁道學之反動。	書院官學化。科舉興盛。	早期重官學、科舉。王湛學說大盛。講會之風。四毀書院令的影響。	早期講會遺風。科舉、制度化書院。樸學之風。西潮東漸。停辦科舉。	新式學堂以及西方大學制度之引進。私人講學與民間教育之勃興。

　　繼而在整體性考察書院教育哲學的立場上，此一演變的歷程中，「教育」一環，如何扮演著體制內的振衰起弊，以及人心的安身立命問題。一方面必須確立人格發展上的宗旨與目的，復次是關於學習上的具體規劃，以及制度面的設計。因此本文試圖以「三統之學」的義理架局，作為探勘中國書院教育哲學的特點；以及在迴應基源問題思考上的意義，才能作為行之久遠的文教典範。

　　針對如何評價書院教育哲學的判準問題，本文在第二章中以三大「批判規準」作為裁量，並且也牽涉到三統之學自身的檢證意義。在第三、四、五章中，我們展示了一個基本的分述，但在整個探討過程中，旨在歸納出書院教育哲學的「開放成分」以及「封閉成分」。

　　在第一個判準上，書院確乎在宋明的學術與教育傳承上，無論是主張理學或考證之學，以及文章之學（如清代桐城派的書院）的教育宗旨，都能以「道統」之傳，作為確立信仰中心的張本。例如書院建築規劃上的祭祀精神表現，或是書院學術研究實踐下，形成的「學案體」思考模式，以及在經典詮釋和教育上，對於「載道」理念的固守與信持，率皆作為學派傳承上的使命。然而這種信念在「立象」上固然有其用心，但弊端所在，即表現在「正統」與「異端」分辨上的爭議與混亂，而有儒學內部，眾多不相干的矛盾及糾結的問題，這點即為「學統」一章，所深究與反省的環節。這一環節的影響之下，遂有所謂「原儒」的問題，不僅牽涉了孔子的定立問題，事實上即為各學派在書院教育教學方法和目標上的差異，各家如何在道統觀的視野下，為儒家的自主性格及表現造型賦彩，即體現了不同的學問路數與修養工夫。並且在三統之間，即有不同的「兼攝」或「轉入」的側重點。亦即儒家的本質與「事實」為何是一個問題，而影響了書院在辦學與價值取向的「應然」

22. 《耐庵奏議存稿》，賀長齡，近代中國史料叢刊，文海出版社。

23. 《蔡元培文集》，蔡元培，錦繡出版社，1995 年初版。

24. 《康有為長興里講學記》，康有為，近代中國史料叢刊，文海出版社。

25. 《牧齋初學集》，錢謙益，四部叢刊初編縮本。

26. 《清儒學案新編》，楊向奎，齊魯書社，1985 年初版。

27. 《皇朝經世文編》，賀長齡主編，近代中國史料叢刊，文海出版社。

28. 《龍川文集》，陳亮，百部叢刊集成 95 金華叢書。

29. 《張南軒先生文集》，張栻，百部叢刊集成 26 正誼堂全書。

30. 《呂東萊先生文集》，呂祖謙，百部叢刊集成 95 金華叢書。

31. 《盱壇直詮》，羅近溪，廣文書局，民國 49 年初版。

32. 《朱子年譜》，王懋竑，世界書局。

33. 《王陽明全書》，王陽明，正中書局。

34. 《學統》，熊賜履，廣文書局。

35. 《漢學師承記》，江藩。

36. 《二程集》，程顥、程頤，漢京出版社。

37. 《濂洛風雅》，金履祥，中文出版。

38. 《鮚埼亭集》，全祖望，華世出版社．及四部叢刊初編縮本兩種。

39. 《梨洲遺著叢刊》，黃宗羲，隆言出版社，民國 58 年台初版。

40. 《魏源集》，魏源，鼎文書局，民國 67 年初版。

41. 《曾文正公全集》，曾國藩，王家出版社，民國 64 年初版。

42. 《劉子全書》，劉宗周，台灣華文書局。

43. 《揅經室集》，阮元，四部叢刊初編縮本。

44. 《明經世文編》，陳子龍主編，北京中華書局。

45. 《日知錄》，顧炎武。

46. 《稽山會約》，蕭良幹，《百部叢刊集成．涇川叢書》。

47. 《惜陰書院緒言》，翟臺，藝文印書館印行。

48. 《水西答問》，翟臺，藝文印書館印行。

49. 《水西會語》，查鐸，藝文印書館印行。

50. 《水西會條》，查鐸，藝文印書館印行。

51. 《楚中會條》，查鐸，藝文印書館印行。

52. 《赤山會約》，蕭雍，藝文印書館印行。

53. 《赤山會語》，蕭雍，藝文印書館印行。

54. 《四存編》，顏元，世界書局。

55. 《文史通義校注》，章學誠，漢京出版社，民國 75 年初版。

56. 《章氏叢書》，章太炎，世界書局。

57. 《續近思錄》，《廣近思錄》，張伯行編，世界書局，民國 63 年再版。

乙、近人專著

■書院研究方面

1. 《宋代書院與宋代學術之關係》，吳萬居，文史哲，民國 80 年初版。

2. 《中國書院制度》，盛朗西，上海中華書局，民國 23 年初版。

3. 《中國書院制度考略》，張正藩，台北中華書局，民國 70 年初版。

4. 《廣東書院制度》，劉伯驥，台北國立編譯館中華叢書編審會，民國 67 年初版。

5. 《中國書院制度之研究》，趙汝福，省立台中師範專校，民國 59 年初版。

6. 《中國書院史話》，不著撰人，學海出版社，民國 74 年初版。

7. 《書院教育與建築——台灣書院實例之研究》，王鎮華，故鄉出版社，民國 75 年初版。

8. 《台灣的書院》，王啟宗，文建會，民國 73 年。

9. 《新亞教育》，香港中文大學新亞書院研究所。

10. 《新亞遺鐸》，錢穆，東大圖書，民國 78 年初版。

11. 《復性書院講錄》，馬一浮，廣文書局。

12. 《白鹿洞書院史略》，李才棟，北京・教育科學出版社，1989 年初版。

13. 《江西古代書院研究》，李才棟，江西教育出版社，1993 年初版。

14. 《中國書院史》，李國鈞主編，湖南教育出版社，1994 年初版。

15. 《中國書院史》，樊克政，台灣文津出版社，民國 84 年初版。

16. 《書院與中國文化》，丁鋼、劉琪，上海教育出版社，1992 年初版。

17. 《中國書院與傳統文化》，楊布生、彭定國，湖南教育出版社，1992 年初版。

18. 《嶽麓書院一千零一十週年紀念文集（第一集）》，湖南大學嶽麓書院文化研究所編，湖南人民出版社，1986 年初版。

19. 《中國的書院》，朱漢民，台灣商務印書館，1993 年初版。

20. 《中國古代書院發展史》，白新良，天津大學，1995 年初版。

■其他

1. 《陳同甫的思想》，吳春山，台灣大學文學院文史叢刊，民國 60 年初版。

2. 《朱子新探索》，陳榮捷，學生書局。

3. 《朱熹》，陳榮捷，三民書局。

4. 《楠溪江中游鄉土建築》，北京清華大學建築學院主持，漢聲雜誌。

5. 《中國教育史》，胡美琦，三民書局，民國 79 年三版。

6. 《中國教育史》，余書璘，台灣省立師範大學，民國 50 年初版。

7. 《中國教育史》陳東原，台灣商務印書館，民國 69 年初版。

8. 《中國教育思想史》，任時先，台灣商務印書館，民國 76 年初版。

9. 《教育哲學》，賈馥茗，三民書局，民國 77 年初版。

10. 《教育哲學》，伍振鷟，師大書院，民國 79 年初版。

11. 《章太炎》，姜義華，東大圖書公司，民國 80 年初版。

12. 《現代教育哲學》，趙一葦，世界書局。

13. 《教育哲學》，歐陽教，文景出版社，民國 76 年八版。

14. 《哲學、文化與教育》，杜祖貽、劉述先，中文大學出版社，1988 年。

15. 《教育概論》，五南出版社。

16. 《新儒家思想史》，張君勱，弘文館出版社，民國 75 年初版。

17. 《中國學案史》，陳祖武，文津出版社，民國 83 年初版。

18. 《心體與性體》，牟宗三，正中書局，民國 80 年台初版。

19. 《儒家心性之學論要》，蔡仁厚，文津出版社，民國 79 年初版。

20. 《王陽明哲學》，蔡仁厚，三民書局，民國 77 年再版。

21. 《浩瀚的學海》，〈中國文化新論・學術篇〉，聯經出版社，民國 80 年初版。

22. 《吾土與吾民》，〈中國文化新論・社會篇〉，聯經出版社，民國 80 年初版。

23. 《中國思想研究法》，蔡尚思，台灣商務，民國 80 年台一版。

24. 《中國十九世紀思想史（上）》，韋政通，東大圖書，民國 80 年初版。

25. 《明清之際黨社運動考》，謝國禎，台灣商務印書館。

26. 《大學之理念》，金耀基，時報出版，民國 72 年初版。

27. 《新編中國哲學史》，勞思光，三民書局，民國 80 年六版。

28. 《中國哲學範疇導論》，葛榮晉，萬卷樓圖書公司，民國 82 年初版。

29. 《中國哲學原論〈原教篇〉下》唐君毅，學生書局。

30. 《北宋中期儒學復興運動》，劉復生，文津出版，民國 80 年初版。

31. 《早期儒家學習範疇研究》，杜成憲，文津出版，民國 83 年初版。

32. 《無形的網路──從傳播學的角度看中國的傳統文化》，吳予敏，雲龍出版社，1991 年台一版。

33. 《完人的生活與風姿》，程兆熊，水牛出版社，民國 82 年再版。

34. 《中國哲學史》，王邦雄等，國立空中大學，民國 84 年初版。

35. 《蔡元培傳》，周天度，新潮社，1994 年初版。

36. 《蔡元培美學文選》，聞笛・水如編，淑馨出版，1989 年初版。

37. 《朱子讀書法》，陳仁華，遠流，1991 年初版。

38. 《中國學術通義》，錢穆，學生書局，民國 77 年初版。

39. 《新儒家哲學十八講》，方東美，黎明文化事業，民國 78 年三版。

40. 《理學範疇系統》，蒙培元，人民出版社，1989 年初版。

41. 《雲霧之國》，合山究（日）著、陳曉光譯，三民書局，民國 84 年初版。

42. 《儒佛異同與儒佛交涉》，曾錦坤，谷風出版社，1990 年初版。

43. 《佛學與儒學》，賴永海，揚智出版，1995 年初版。

44. 《生活的藝術》，林語堂，遠景出版，民國 76 年五版。

45. 《中國哲學史大綱》，蔡仁厚，學生書局，民國 77 年初版。

46. 《中國哲學辭典大全》，韋政通主編，水牛出版社，民國 77 年初版。

47. 《晚明思潮》，龔鵬程，里仁書局，民國 83 年初版。

48. 《文化符號學》，龔鵬程，學生書局，民國 81 年初版。

49. 《文學與美學》，龔鵬程，業強出版社。

50. 《國學治學方法》，杜松柏，洙泗出版社。

51. 《宋明清理學體系論史》，黃公偉，幼獅文化公司，民國 60 年初版。

52. 《百年中國的反省》，王鎮華，覺覺出版社，民國 81 年初版。

53. 《中國建築備忘錄》，王鎮華，時報出版社，民國 78 年初版。

54. 《諸神退位》，紀剛，允晨文化，民國 79 年初版。

55. 《中庸義理疏解》，楊祖漢，鵝湖出版社，民國 79 年四版。

56. 《心靈學問——陸王心學與生命抉擇》，趙士林，風雲時代出版社，1993 年初版。

57. 《中國文獻學》，周彥文主編，五南出版社。

58. 《明珠在懷》，王鎮華，覺覺出版社，民國 85 年初版。

59. 《中華文化與嶺南文化》，廣東文獻社。

60. 《中華人文與當今世界》，唐君毅，學生書局。

61. 《黃宗羲心學之定位》，劉述先，允晨出版社，民國 75 年初版。

62. 《中國近三百年學術史》，梁啟超，台灣中華書局，民國 76 年台十一版。

63. 《中國近三百年學術史》，錢穆，台灣商務印書館，民國 76 年台九版。

64. 《中國思想與制度論集》，張永堂等主編，聯經出版，民國 74 年初版。

65. 《晚清思想》，張灝，時報出版，民國 74 年初版。

66. 《中國歷史文學論著精選》，郭紹虞主編，華正出版，民國 73 年初版。

67. 《中國學術思想史》，廓士元，里仁書局。

68. 《宋明理學·南宋篇》，蔡仁厚，學生書局。

69. 《文化苦旅》，余秋雨，爾雅出版社。

70. 《山居筆記》，余秋雨，爾雅出版社。

71. 《王陽明教育思想之研究》，吳蘭，台灣中華書局，民國 75 年初版。

72. 《才性與玄理》，牟宗三，學生書局。

73. 《歷史與思想》，余英時，時報出版社，民國 78 年版。

丙、期刊論文

1. 〈朱熹與書院研究〉，周杏芬，政治大學中文所碩士論文。

2. 〈儒學判教之基型——有關王龍溪四無圓教義之探討〉，王財貴，《鵝湖學誌》第 13 期，1994 年。

3. 〈先秦諸子禮樂思想正反諸型探討〉，李正治，台灣大學中文博士論文。

4. 〈塑造健全的文化人格——余秋雨散文一瞥〉，李任中·伍斌，《聯合文學》第 135 期。

5. 〈船山意倦與亡日·史筆如繩定是非——勞思光基源問題研究法的省察〉，陳旻志，《鵝湖月刊》第 227、228 期。

6. 〈書院：儒教在地方傳播的形式〉，潘朝陽，《鵝湖月刊》第 245 期。